おにぎり読本

なぜ、「ふんわり」、「やわらかい」が流行るのか？

ごはん文化研究会　編

講談社

米文化ニッポンの原動力「おにぎり」

おにぎりは、
同じご飯料理であるすしのように
高級な料理ではなく
庶民の味として、
今も国民食であり続けています。
家でも作れるし、
店で食べることも、
買うこともできます。
おにぎりは、いつでもどこでも
食べることができるご飯料理です。
しかも、すしのようにネタがなくとも、
塩味だけでも、十分においしい。

おにぎりが米文化ニッポンの
原動力になっているのは
言うまでもありません。
本書は、おにぎりが持っている力を
各方面から取材し、さまざまな意見を
読本形式にまとめました。
今日から、おにぎりの見方に変化が
表れたら幸いです！

ごはん文化研究会

おにぎり読本　目次

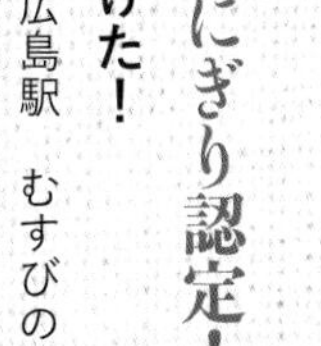

すべての情報は2022年12月末の情報です。 本書では商標登録®は省略しています。

全国のおにぎり専門店、ホテルなどを食べ歩き、
おいしい、評判が高い、ユニークだと思う店舗を30店舗紹介します。

INDEX

※掲載順。
店名は省略して表記しています。

古都屋
米屋の手づくりおにぎり
多司
天むすび

おにぎり名鑑

Onigily Cafe

[おにぎりDATAの見方]

各店舗の人気ナンバーワンやイチオシのおにぎりDATAを掲載しています。見方は、右記を参考にしてください。

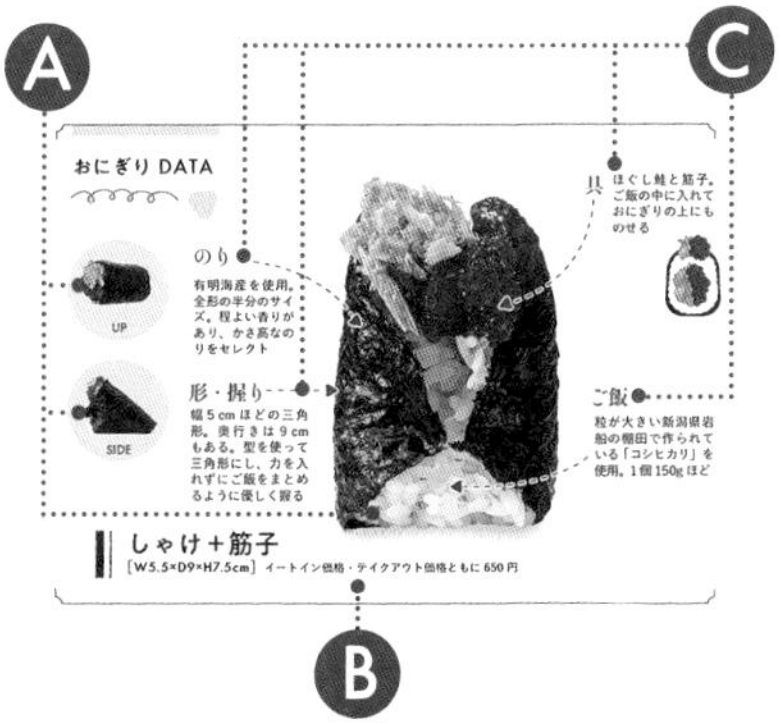
A
C
おにぎり DATA
UP
SIDE
のり
有明海産を使用。全形の半分のサイズ。程よい香りがあり、かさ高なのりをセレクト
形・握り
幅5cmほどの三角形。奥行きは9cmもある。型を使って三角形にし、力を入れずにご飯をまとめるように優しく握る
具
ほぐし鮭と筋子。ご飯の中に入れておにぎりの上にものせる
ご飯
粒が大きい新潟県岩船の棚田で作られている「コシヒカリ」を使用。1個150gほど
しゃけ＋筋子
[W5.5×D9×H7.5cm] イートイン価格・テイクアウト価格ともに650円
B

Ⓐ おにぎりの写真

おにぎり(正面、上、側面) の写真を掲載しています。

Ⓑ おにぎりの詳細

おにぎりの「商品名」、「サイズ」、「価格」を表記しています。

商品名…店舗で販売している商品名で表記しています。

サイズ…W(幅)×D(奥行き)×H(高さ)の順に表記しており、のりがおにぎりよりも大きく巻かれているものは( )内におにぎりのサイズを表記しています。取材時に握っていただいたおにぎりを編集部で計測していますが、手作りなので個体差があります。

価格…イートイン、テイクアウト両方の価格を消費税込み(小数点以下の切り捨て切り上げは各店舗の基準)で表記しています。

Ⓒ 特徴

おにぎりの「具」、「ご飯」、「のり」、「形・握り」の4つの特徴を示しています。中の具が分かりやすいイラスト解説付き。

こぼれんばかりの具が魅力！

a. 店で人気のナンバーワンは２種類の具入りおにぎり「しゃけ＋筋子」。２位は「卵黄醤油漬け＋肉そぼろ」、３位は「明マヨクリームチーズ」　**b.** おにぎりは握るというよりも優しくまとめるという表現に近い　**c.** 名物女将の右近由美子さん。「おにぎりのことしか考えていない」と笑顔で話す　**d.** カウンター席の目の前で握られるため、供されるまでのライブ感も楽しい

おにぎりDATA

UP

SIDE

のり

有明海産を使用。全形の半分のサイズ。程よい香りがあり、かさ高なのりをセレクト

形・握り

幅5cmほどの三角形。奥行きは9cmもある。型を使って三角形にし、力を入れずにご飯をまとめるように優しく握る

具

ほぐし鮭と筋子。ご飯の中に入れておにぎりの上にものせる

ご飯

粒が大きい新潟県岩船の棚田で作られている「コシヒカリ」を使用。1個150gほど

しゃけ＋筋子

［W5.5×D9×H7.5cm］ イートイン価格・テイクアウト価格ともに650円

ご飯を引き立てる 元祖・握らないおにぎり

「ぼんご」のおにぎりは、大きくて、具がたっぷり。そしてご飯は温かく、ほどけるようにやわらかな食感が特徴。

すし屋のようなガラスケースの中には筋子、卵黄の醤油漬け、ツナマヨ、豚キムチなどオリジナリティーに富んだ57種類もの具材が並び、その中から好きな具材をオーダーすると、目の前で握ってもらえる。

具はおにぎり1個に対し1種類だけでなく、2種類入れる客も多く、いろいろな組み合わせを楽しめるのも人気の理由。

豊富な具に合わせるご飯も計算し尽くされている。しっかり2時間浸水させた米を、通常よりも少なめの水加減にしてガス釜で15分という比較的短時間で一気に炊き上げる。

炊き上がったらさらにしっかりとほぐすことで粒と粒の間に空気を含ませており、ふわっとした口当たりにつながるのだ。

SHOP DATA

ぼんご

住 東京都豊島区北大塚2-27-5
営 11:30 ～ 23:00
休 日
TEL 03-3910-5617
URL www.onigiribongo.info
備 イートイン、テイクアウト可

おにぎり浅草
宿六

◀ 東京 ▶

独特のフォルムが印象的！

a. 好きなおにぎりを選べる２個セットは女性に人気。豆腐の味噌汁、たくあん付き（748円〜） **b.** 型を使っておにぎりを握る。具は中央にたっぷりと **c.** ガラスケースの中には定番の鮭、たらこ、昆布の他に山ごぼう、あみなどの具が並ぶ **d.**「うちは、こだわりがないのがこだわり」と笑って話す三代目店主の三浦洋介さん。食べた人がそれぞれ感じてくれればいいというのがポリシー

おにぎり DATA

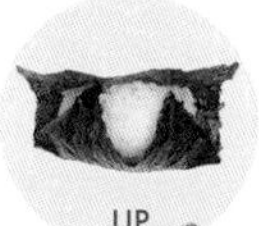

UP

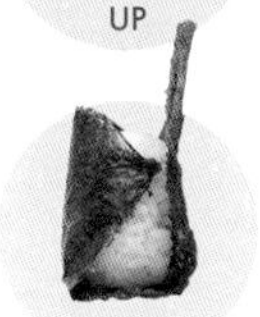

SIDE

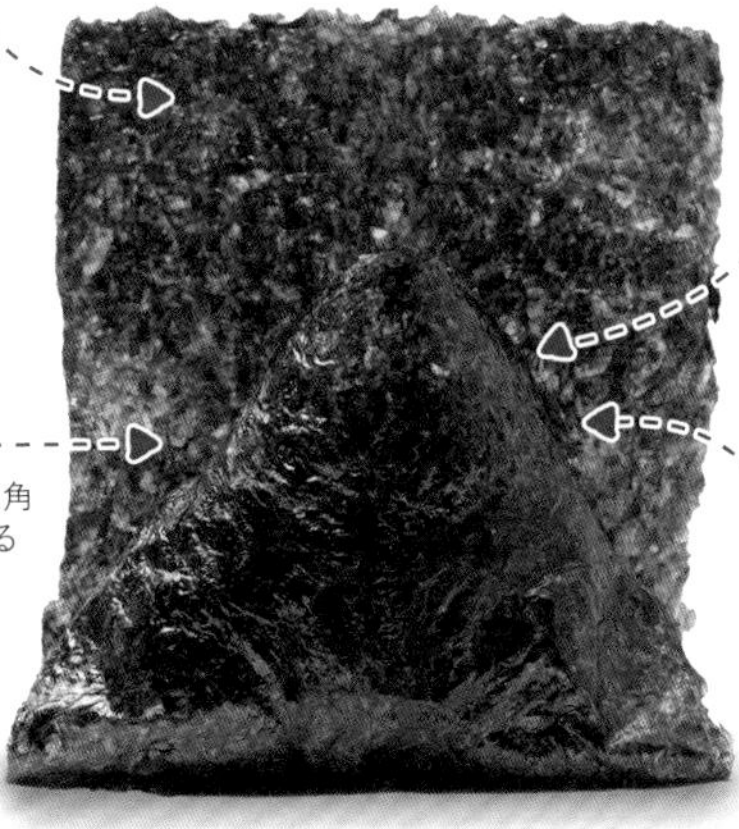

のり
有明海や東京湾で採れるのりを使用。後ろののりが長くピンと立っている状態

ご飯
新潟県産の「コシヒカリ」を使用。1個80～90gほど

形・握り
幅7cmほどの三角形。型を使い握る

具

粗ほぐしの鮭。ご飯の中に入れる

さけ

［W6.9×D3.8×H10（6.3）cm］ イートイン価格319円／テイクアウト価格314円

ご飯と具の比率が抜群！下町のおにぎり店

1954（昭和29）年に創業した「宿六」は、東京でいちばん古いおにぎり屋だ。

具は、鮭、梅干しなどスタンダードなものが多く、メニューは創業当時から、ほとんど変えていないという。具はカウンター前のガラスケースの中に整然と並んでおり、注文してから作ってくれるので出来立てを食べることができる。

驚いたのは、ひと口めの米がとてもおいしいこと。ご飯の甘み、いい塩梅《あんばい》の塩加減、のりのパリパリ感、すべてのバランスが理想的と言える。ふた口めからは、具の味も加わり、料理としての一体感で口の中は至福に。

また、目の前に置かれた時、後方の10㎝ほどの長さののりがまっすぐにそびえ立つ姿は圧巻だ。こののりの巻き方も創業当時から変えていない。そのまま食べてもいいし、ちぎって後から食べる人もいる。

SHOP DATA

おにぎり浅草宿六《あさくさやどろく》

住 東京都台東区浅草3-9-10
営 昼／11:30～　夜／17:00～
（売り切れ次第終了）
休 昼／日　夜／日、火、水
TEL 03-3874-1615
URL onigiriyadoroku.com
備 イートイン、テイクアウト可

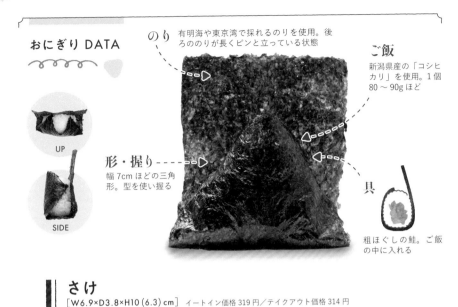

羽釜で炊いた粒立ちの良いご飯が絶品！

a. 好きなおにぎり２個とスープが選べる「スープセット」900円　b. 自家製豚つくねの豚汁。具材まで随所にこだわりが光る　c. 惣菜メニューも豊富。４種類のおかずが楽しめるお重は800円　d. 店主の吉江重昭さん。手に持っているのは、竹皮に包まれたテイクアウト用のおにぎり。テイクアウトの場合も注文を受けてから握る

おにぎり DATA

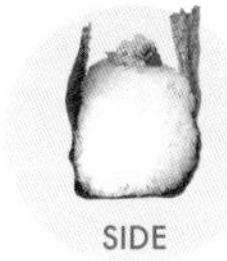

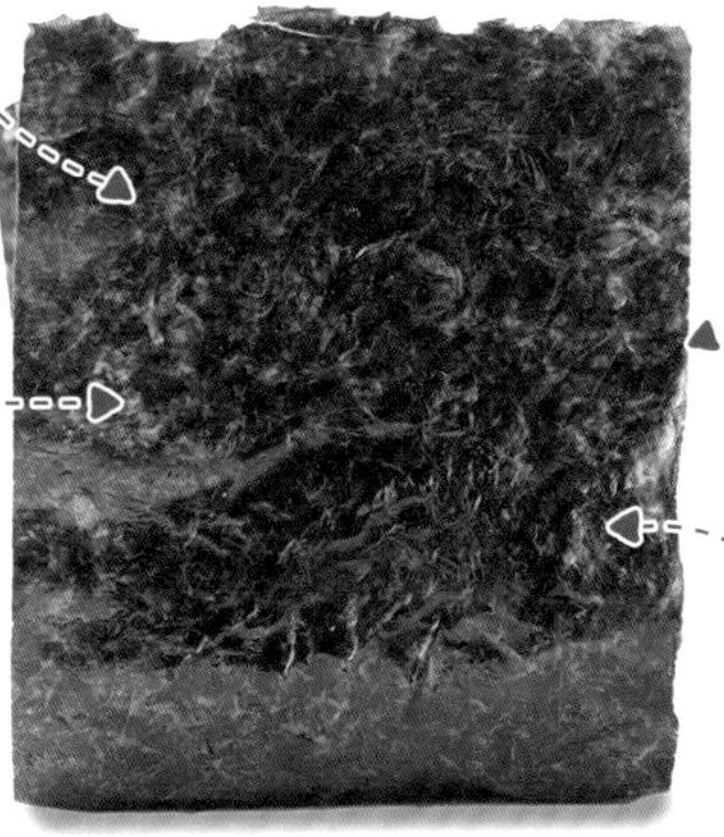

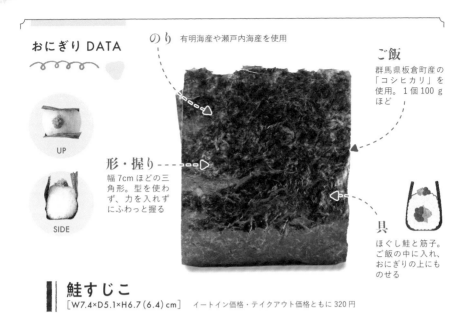

のり 有明海産や瀬戸内海産を使用

ご飯
群馬県板倉町産の「コシヒカリ」を使用。1個100 gほど

形・握り
幅7cmほどの三角形。型を使わず、力を入れずにふわっと握る

具
ほぐし鮭と筋子。ご飯の中に入れ、おにぎりの上にものせる

鮭すじこ

［W7.4×D5.1×H6.7（6.4）cm］　イートイン価格・テイクアウト価格ともに320円

厳選食材のおにぎりと惣菜が楽しめる

店主の吉江さんは、和洋中のレストラン勤務を経験し、2010（平成22）年に「利さく」を開店した。おにぎりの具や惣菜、汁物など、できるだけ手作りしている。おにぎりの具だけでも常時30種類ほどをラインナップ。そのどれもが手間をかけて調理してあり、食べてみると具に出会う瞬間に感動がある。それを包み込むご飯は、群馬県板倉町の米農家から直接仕入れた一般に流通していない米を使用している。米に一家言《いっかげん》ある農家の間でも評判が高い噂の逸品だという。この米を南部鉄製の羽釜で炊き上げる。釜の特性によりご飯の保温性が高まり、粒立ちも良くなるという。丁寧に仕込んだ具との相性が考えられた炊き方だ。

店にはおにぎりに合う惣菜も多数用意されており、汁物も付いたお得なセットを頼めば、さらに満足度も上がるだろう。

SHOP DATA

おにぎりカフェ 利《り》さく

住 東京都文京区千駄木 2-31-6
営 9:00 ～ 20:00
休 水
TEL 03-5834-7292
URL www.risaku-tokyo.com
備 イートイン、テイクアウト可

ごちそうおむすび
膳七
◀ 広島 ▶

口の中で
ほろりとほぐれる!

a. 店でいちばん人気の「えび天むすび」、2位は「紅しゃけむすび」、3位は観光客に人気の「広島菜とちりめん」 b.「えび天むすび」は専用の型を使って握る c.「お弁当・お惣菜大賞 2022」で最優秀賞を取った「プチッともち麦高菜ベーコンむすび」

広島の地元の食材を使用 食べやすいおにぎり

米卸業者が母体の「膳七」。「おいしいお米を気軽に食べてもらいたい」という気持ちから、ショッピングモールのフードコート内で営業。買い物ついでに利用する人が後を絶たない。特に女性に人気のメニューを常時20種類＋「季節のおむすび」1〜2種類などを販売している。

材料にもこだわっており、おにぎりの基本の材料である米、塩、のりは、地元である広島県産のものを使用している。

店で幅広い年齢層から支持を得ているいちばん人気の「えび天むすび」を食べてみると、おにぎりは冷めているにもかかわらず、べたつきがなく、軽い口あたり。口中でほろりとほぐれるような食べ心地で、米の甘みもしっかり感じることができた。えび天のたれも相まって、ついもう1個食べたくなってしまう。

SHOP DATA

ごちそうおむすび膳七《ぜんしち》 LECT《レクト》 広島店《ひろしまてん》

住 広島県広島市西区扇 2-1-45
営 10:00 〜 21:00
休 —
TEL 082-942-2338
URL www.okumoto.co.jp/zenshichi
備 イートイン、テイクアウト可

おにぎり DATA

えび天むすび
[W7.6×D4.5×H 11.5cm]

イートイン価格 253 円／テイクアウト価格 248 円

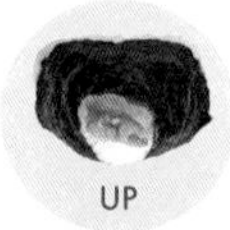

具
衣にしっかり味の付いたえび天をご飯の中央に入れる

形・握り
幅 8 cm ほどの三角形。やわらかめに握る

のり
広島県福山市内海町産の無添加のり。厚めのタイプをセレクト

ご飯
広島県世羅高原産の「コシヒカリ」を使用。1 個 90g ほど

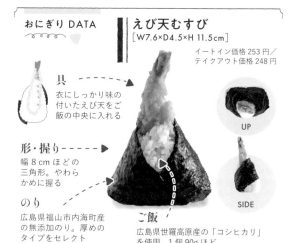

駅で見つけた！
広島県
広島市
ご当地おにぎり認定

広島駅　むすびのむさし

5個の中身の具は全部違う。食べるか割らないと何が入っているかが分からないのが楽しい

これはどんな具が入ってる？1個1個の出会いにワクワク

広島のソウルフードと呼ばれる「むすびのむさし」のおにぎり。市内のMAZDA Zoom-Zoomスタジアム広島にも店舗を構えているので、野球ファンなら県外でも知っている方は多いだろう。「俵むすび」は、ekie内で購入できる人気の弁当。「むすびのむさし」は県内に弁当、手打ちうどん店を多数展開。「あなごめし」、「若鶏むすび」、「カープ男子むすび」など店舗限定メニューがよく知られている。せっかくだから車窓をバックにいただく。ご飯は固すぎずやわらかすぎず、ふんわりというより少ししっとり、塩味とうっすらと出汁《だし》が効いている。小ぶりな俵むすび5個は練り梅、昆布、かつお、お新香、しば漬けの5つの味が楽しめる。大きさといい、味といい、電車内で食べる弁当としてよくできている。またの機会に同店の別メニューも食べてみたい。

「俵むすび」は、新幹線口店で販売されているので在来線と間違えないように

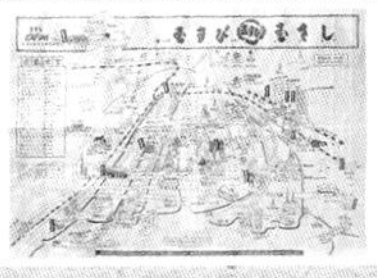

包装紙が観光地図になっていて、敷物としても使えるのがうれしい

このおにぎりの具は、昆布の佃煮。程よい甘辛さが薄い塩味のご飯によく合う

むさし新幹線口店　URL www.musubi-musashi.co.jp

酒呑みに合わせた
小ぶりなサイズ！

a.店の人気1位は「川のり（四万十川）」、2位は「山椒」、3位は「ねぎとろ」　b.のりを巻いていない状態。具がたっぷり入っているのが分かる　c.「ねぎとろ」など、わさび醤油味のものは、型に具を入れる段階で味付けする

知る人ぞ知る、あのグルメドラマ登場店

元すし職人が握るおにぎりはすし2貫分のご飯量の小ぶりサイズ。米は新潟県南魚沼産「コシヒカリ」を使用し、炊き上がったら握る分だけに塩を軽くふり、おひつに入れる。そのおひつは、調理場に置いた専用の容器で保温しておく。こうすることでご飯を一定の温度にキープでき、注文してから握るおにぎりに対応しやすいという。

ご飯の中に空気を入れて握るのでおにぎりはふわっとした食感。ここでしか味わえない職人のなせる技。メニューに「こはだ」などの海鮮系の具があるのも元すし職人ならでは。

およそ40種類あるお品書きは、すべて日本酒に合うよう丁寧に仕込まれている。通常、7〜8個ほど食べていく人が多い。ドラマにも登場した有名店。県外からの客もひっきりなしだ。

SHOP DATA

えんむすび

えんむすび

- 住 群馬県高崎市本町33
- 営 18:00〜24:00／テイクアウト21:00〜
- 休 日、月、祝
- TEL 027-323-1667
- 備 イートイン、テイクアウト可

おにぎりDATA

川のり（四万十川）
［W6（4.7）×D2.4×H6.5（4.6）cm］
イートイン価格・テイクアウト価格ともに200円

形・握り
幅5cmほどの三角形。型を使ってふんわりと握る

ご飯
新潟県魚沼産「コシヒカリ」を使用。1個あたり、すし2貫分ほど

のり
有明海産を使用。歯ごたえの良いものをセレクト

具
川のり。ご飯の中に入れる

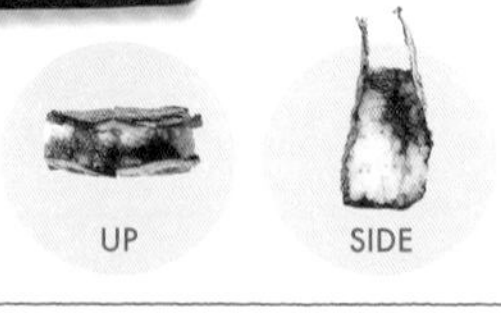

UP　SIDE

名代にぎりめし
◀ 北海道 ▶

北海道の味！醤油握り

a. いちばん人気の「たらこバター」、2番人気は鮭といくらの入った「親子いくら」、3番人気は「卵黄の味噌漬け」 **b.** 店長の本間直也さん。手際良くおにぎりを握っていく **c.** 三角に切ったのりをおにぎりに巻き付ければ完成

塩と醤油2つの味から選ぶ出来立てを楽しめる店

すすきの市場にある「名代にぎりめし」は、50種類ものメニューがある人気店。24時間営業しているので、昼間は家族連れ、夜はすすきので飲んで〆《しめ》として買って帰る人たちでにぎわっている。注文の際、塩握りか醤油握りかのどちらかを選ぶのが、名代にぎりめし流。

醤油握りは、楕円形に握ったおにぎりの表面に特製の出汁醤油をまぶして作る。この醤油は、手のひらに付けておにぎりの表面をコーティングする感じなので、想像よりもくどくない。それよりも、ひと口食べるとほんのり醤油の香りを感じつつも、白飯の甘みを感じることができる。いちばん人気は開業当時から人気の「たらこバター」の醤油握り。温かいご飯×生たらこ×バターに醤油は鉄板！　ぜひお試しを。

SHOP DATA

名代《なだい》にぎりめし

住 北海道札幌市中央区南6条西4 すすきの市場内
営 24時間営業
休 −
TEL 011-512-1616
備 イートイン、テイクアウト可

おにぎり DATA

たらこバター（醤油握り）
［W6.5×D4.5×H6.8cm］
イートイン価格・テイクアウト価格ともに300円

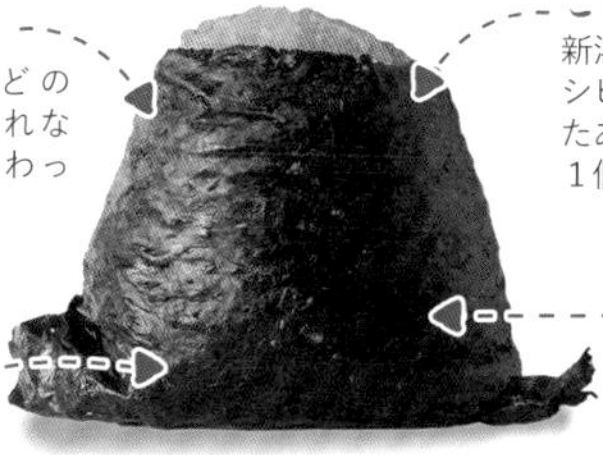

形・握り
幅6cmほどの楕円形。崩れない程度にふわっと握る

ご飯
新潟県南魚沼産の「コシヒカリ」を使用。握ったあと醤油をまぶす。1個130gほど

のり
有明海産を使用。厚さは薄め

具
生たらことバター。ご飯の中に入れて、おにぎりの上にものせる

UP

SIDE

KUGENUMA RICE
◀ 神奈川 ▶

海辺で味わう人気の一品

a. 人気1位は、「枝豆と鶏そぼろ」、2位は「野沢菜漬けと紅塩鮭」、3位は「たらことマッシュポテト」　**b.** 朝9時に伺った店内の様子。すでに売り切れているものも　**c.** オーナーの宇井さん夫妻。「心の中で〈おにぎり〉とつぶやきながら握るとちょうど良い固さに握れますよ」

元パン職人が作るおにぎりが新鮮

　オーナーの宇井さんは元パン職人。小麦アレルギーのため、やむなく転業、そこから夫婦で一念発起して、おにぎり店を鵠《くげ》沼《ぬま》に開業させて約9年が経つ。「たらことマッシュポテト」のおにぎり、「くるみクランベリーいなり」（現在販売終了）など元パン職人だからこそできるメニューがそそる。白米20種、玄米10種類のおにぎりのうち定番は「紅塩鮭」、「紀州南高梅」、「昆布佃煮」などがある。

　冷めても粒感を感じてほしいと、ご飯は山形県産の「つや姫」を使っている。1時間しっかり吸水させて炊き、ふんわりと愛情をこめて握る。

　土日は、観光客も多く、500〜600個が完売するという人気ぶり。朝2時から準備をし始めても、15時前には、売り切れてしまうそうだ。

SHOP DATA

KUGENUMA《くげぬま》 RICE《らいす》

住 神奈川県藤沢市鵠沼海岸3-12-12
営 7:00 〜 15:00（売り切れ次第終了）
休 月、火
TEL 0466-51-7766
@kugenuma_rice
備 テイクアウトのみ

おにぎり DATA

枝豆と鶏そぼろ

［W8×D3.6×H6.3cm］
テイクアウト価格 216円

形・握り
幅8cmほどの三角形。型を使って形を作り、ふんわりと握る

ご飯
粒感をしっかり感じられる山形県産「つや姫」を使用。少し固めに炊く。1個100〜110gほど

具
枝豆、しょうがを効かせた鶏のそぼろ煮。ご飯に混ぜる

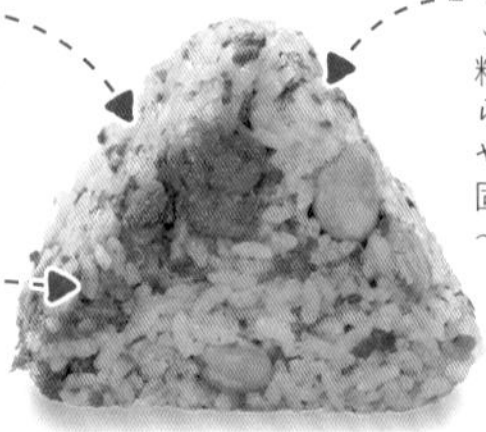

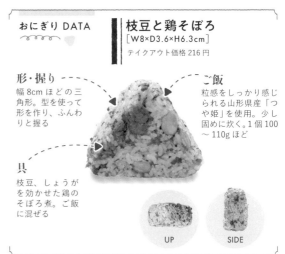

ウェスティン
ホテル東京

◀ 東京 ▶

お好みどおりに握ります！

a. いちばん人気は「明太子×辛子高菜」の2種類の掛け合わせ。2番は「マグロの佃煮」、3番は「鮭」
b. 沼尻総料理長「おにぎりのチームを作り、日々研究しています」
c. ふわふわなおにぎりになるように具をのせたら軽く握るだけ

ライスボールを一から説明 外国人に浸透するおにぎり

「ゲストに楽しんでもらいたくて朝食ビュッフェにおにぎりを導入しました」と話すのは沼尻寿夫総料理長。ビュッフェの中におにぎりコーナーを据えて、専属のスタッフが注文を受けてから握る。いろいろなものを食べてもらいたいのでご飯の量は60gと少なめ。ゲストの要望どおりに握り「もっとご飯を少なめに」、「具材を2種類入れてほしい」など、どんなリクエストにも対応している。

外国人のゲストが多いため、おにぎりと握りずしを勘違いされることも多く、ライスボールについて一から説明することもあるのだとか。ちなみに外国人には、「鮭」、「マグロの佃煮」、「昆布」が人気。始めた当初の具は5種類だったが、ゲストの要望もあり、今では9種類に増えていると のことで大成功と言えよう。

SHOP DATA

ウェスティンホテル東京 インターナショナルレストラン「ザ・テラス」

住 東京都目黒区三田 1-4-1 1F
営 7:00 ～ 21:30（朝食 7:00 ～ 10:30）
休 –
TEL 03-5423-7778
URL www.theterracetokyo.com/jp
備 ビュッフェスタイル

おにぎり DATA

明太子×辛子高菜

［W11（8）×D5.1×H8.1cm］

イートイン価格／ 4,200 円
朝食ビュッフェの価格

形・握り
幅 8 cm ほどの三角形。型は使わず、ふんわりと握る

ご飯
おにぎり用に3種類の国産米をブレンドして使用。味にムラができないように塩を入れて炊く。1個60g ほど

具
明太子、辛子高菜。ご飯の中に入れる

のり
ホテル内の日本料理店のすしカウンターでも使用しているのりを使用。ご飯に合わせてサイズは小さめ

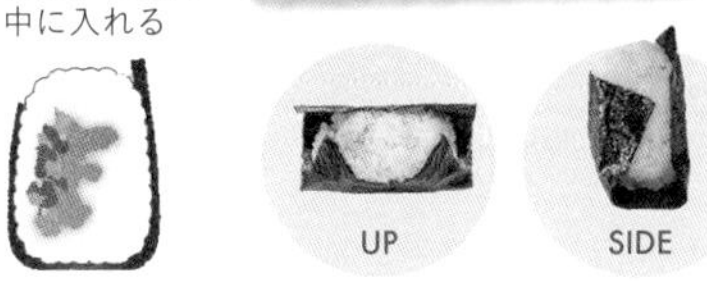

ツマミになるおにぎり!

a. 人気第１位は「乱王醤油漬け」。２位はおかかの「にゃんこ三昧」、３位は刻みわさび入りの「北新地ツナマヨ」。ユニークなメニュー名だ　**b.** 屋台をイメージさせる店内　**c.** 山中さん夫妻。2022（令和４）年、夫の竜也さんは現役復帰を果たし、おにぎり店とボクサーの二足のわらじを履いている

プロボクサーが握る　お酒に合うおにぎり

「おにぎり竜」は、ボクシングの元世界チャンピオン山中竜也さんが店主の店。あだ名が「おにぎりマン」だったことをきっかけにおにぎり専門店を北新地にオープンさせた。

営業は客層に合わせて夜のみなので、メニューは、いぶりがっこや塩辛、酒盗《しゅとう》など、お酒との相性を考えたものが多く、そのため味付けは少し濃いめになっている。お茶ハイや日本酒など、ご飯と相性が良いお酒が多数揃うのもうれしい。

ご飯は注文時に白米か玄米を選ぶことができる。白米は山形県産の「つや姫」、玄米は宮城県産の「金のいぶき」を使用している。また、店で握り立てを出す場合はうま味の強い塩を使用。テイクアウトのおにぎりは、冷めた時に味がぼけないように塩の種類を変えている。

SHOP DATA

おにぎり竜《りゅう》

住 大阪府大阪市北区曽根崎新地1-1-16 クリスタルコート 103
営 18:30 ～ 0:00
休 日、祝
TEL 06-6131-7717
URL onigiriryu.business.site
備 イートイン、テイクアウト可

おにぎり DATA

乱王《らんおう》醤油漬け（白米）
［W7×D4.1×H9（7）cm］
イートイン価格 330 円／
テイクアウト価格 324 円

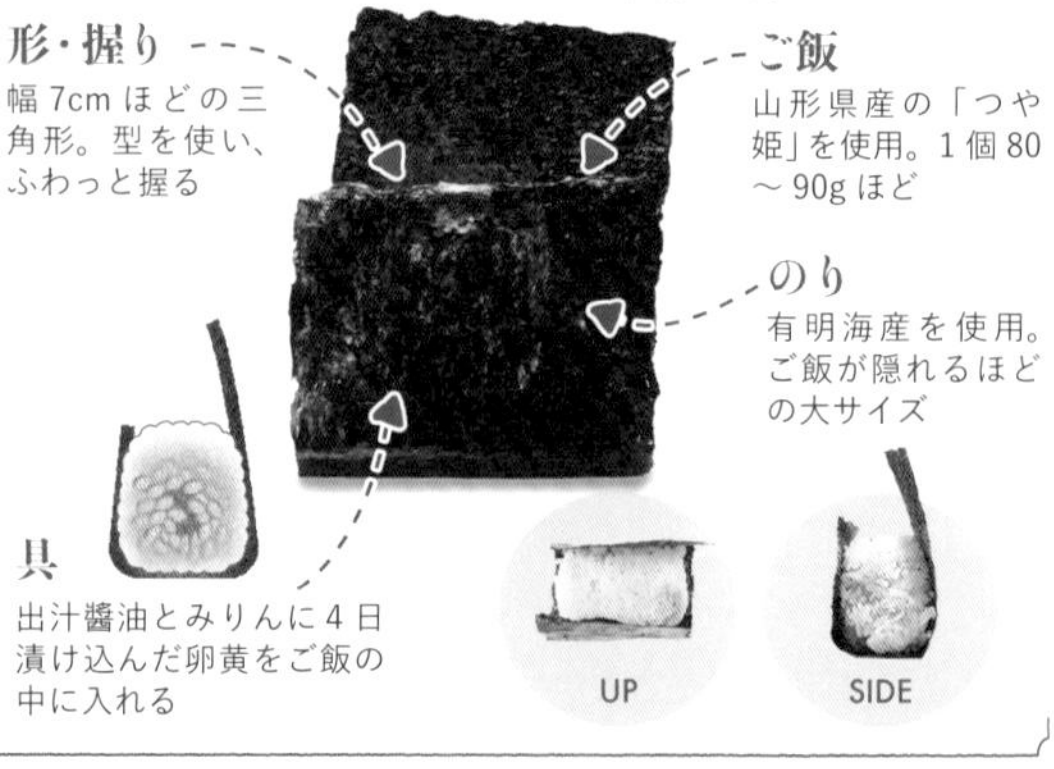

有明海産を使用。ご飯が隠れるほどの大サイズ

出汁醤油とみりんに 4 日漬け込んだ卵黄をご飯の中に入れる

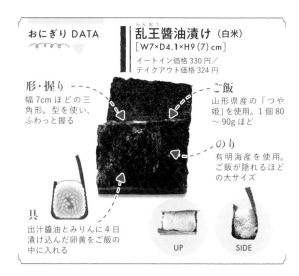

新大阪駅　アントレマルシェ

見た目は、たこ焼きにのりを巻いただけに見えるが、下にご飯が隠れている

大阪の味と言い切れる納得のコテコテ感！

断面を見ると、８割がたこ焼き、２割がご飯の割合と分かる

新大阪駅で以前から気になっていた、柿千のたこむす。その味は期待を裏切らなかった。たこ焼きの部分はしっかり火が通っており、小ぶりのたこが入っている。調べたところ、生地には、削り節、天かすに、ねぎ、干しえび、キャベツ、紅しょうがなども入っていて、たこ焼きそのもの。冷めていても弾力があるため、少量のご飯との食感の違いも楽しめる。味付けはソース味ではなく醤油っぽく、別添えのマヨネーズで味変もできる。つまり、ご飯の上にたこ焼きをのせてのりで巻いた、味もそのものズバリで、とても分かりやすい。お弁当としてもビールのおつまみとしてもいけるし、電子レンジで温めてもいけるらしい。このたこむすは、当て字で「多幸結」と書くと箱の裏に解説があり、味のあるたこのイラスト、専用のテーマソングまで印刷されていて、やっぱり大阪の味だと納得させられてしまう。

たこむすの販売場所は、JR 新大阪駅、JR 大阪駅、JR 新神戸駅、大阪国際空港、関西国際空港、JR 天王寺駅

街で味わった、たこ焼き。これはこれで、大変おいしい！

柿千《かきせん》　URL www.kakisen.jp

日本発！
世界に拡がるおにぎり

日本人のソウルフードであるおにぎりは、
世界各地で売られています。
海外のおにぎりはどのような形で、
どんな具が人気なのか？ など
アメリカ、フランス、タイのおにぎり専門店に
素朴な質問５つに答えてもらいました。

店に聞いた 5つの質問！

1 開店のきっかけ
2 おにぎり作りのこだわり
3 店の人気メニュー
4 開店当時の思い出
5 これからの抱負

アメリカ／サンフランシスコ

ONIGILLY《オニギリー》

1 2006（平成 18）年に駐在員としてサンフランシスコで生活し始めた時に「ランチにおにぎりがあればいいのに」と思ったのがきっかけです。当時、すし屋はあるもののおにぎり屋はなく、おにぎり屋を開店すればアメリカ人も喜ぶのでは？ と思いました。また、アメリカの子供たちが昼食にジャンクフードを食べているのを見ておにぎりが広まれば、アメリカ人の食事環境改善にもつながるのではと思いました。

2 ビジネス街にあるので、ランチ時が混み合います。出来立てを早く、かつ、おいしく提供できるようにしています。

3 照り焼きチキン、カニ、うなぎのおにぎりが人気トップ３です。ベジタリアンの方も多く、椎茸や、ひじきのおにぎりも人気です。

「うなぎ」
＄4.65

「照り焼きチキン」
＄3.65

「カニ」
＄4.65

4 お客様は現地のビジネスマンが多く、日本人はほとんどいません。そのため、開店当時は、全然売れず、お客様の反応を見ておにぎりの形や売り方などの改良をし続けました。５年目くらいにご飯とご飯の間に具を挟むサンドイッチスタイルのおにぎりを思い付き「具だくさんサンドイッチ風おにぎり」を発売したところ、人気となり、今では３店舗に増えました。

三角形のライスバンズの間に具を挟む方法。見た目が華やかで、サンドイッチに似ていてアメリカ人にも受け入れやすかったのか、人気に

5 アメリカ中にお店を増やし、おにぎりカルチャーを広げたいと思っています！

4 立ち上げ当初は、誰もおにぎりを知らないのはもちろん、食材も手に入りづらい状況だったのでお店を開ける環境作りから始めました。開店１年目は、「大きいすし？」と言われたり、すしとの違いをお客様ひとりひとりに説明したりする必要がありましたが、今ではすっかりおにぎりが定着し、お客様の９割がフランス人です。

5 テレビや雑誌に紹介され、お店の認知度が上がり、フランス初のおにぎりレシピ本を出版するまでになりました。これからもいろいろと挑戦していきたいです。

いちばん人気の「ツナマヨ」3.5€

栗を使った「マロンバターおこわ」（季節のおにぎり）3.8€

「ジロール茸とオムレツのおにぎり」（季節のおにぎり）3.8€

フランス／パリ

Gili-Gili《ギリギリ》

1 フランス人の夫が旅行で日本を訪れた際、衝撃を受けた食べ物がおにぎりでした。「こんなにシンプルでおいしいものは世界中に広めるべきだ！」と思っていた矢先におにぎり好きの私と出会い、意気投合して結婚。私が渡仏し、2019（令和元）年にお店をオープンしました。

2 可能な限り地元産、季節の食材を使うことにこだわっています。また梱包資材もリサイクル可能なものを使用し、なるべくゴミを出さないよう弁当箱のレンタルサービスもしています。

3 お店の人気トップ３は、ツナマヨ、鮭、ぶた味噌。他にもヴィーガン向けの椎茸の佃煮や、フランスを意識したマロンバターおこわ、ジロール茸とオムレツのおにぎりなども人気があります。

3 人気は焼き鮭と明太子、いくらです。具はたっぷり入れています。

いくらがたっぷり入ったおにぎり「いくら」79 バーツ

4 タイには日本の大手コンビニエンスストアが出店しているので、「おにぎり」の認知度は相当高いです。ごくまれにすし屋と間違える方もいますが、開店してから今までお客様に「おにぎりが何か分からない」と言われて苦労をしたことはありません。ただ、タイでは「なんちゃって日本食」が多く販売されているので、それらとは違う品質や作り方で提供していることをどう伝えていけばいいかを考えました。

5 日本の米の海外輸出量および、消費の拡大を目標に活動しています。実店舗を活用して日本とタイのインバウンド、アウトバウンドの一拠点になれればと思っています。

タイ／バンコク

Khao《カオ》 Yiphun《イープン》

1 シンガポールで生まれ育ち、日本で就職後もシンガポールとタイで働いていましたが、コロナの影響で担当していた事業が廃止となり、当時の社長やお取引先の社長の後押しもあり、一念発起で飲食店を開店しました。

2 新潟県産のコシヒカリや北海道産のいくら、九州産の明太子など、日本の食材を使用し、日本と同じ品質を保ちながら、現地の方でもお求めいただきやすい価格で提供しています。また、ご注文後に握り立てをご用意しています。

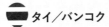

日本の四季を楽しむ

いろいろな炊き込みおにぎり！

四季が明確で季節ごとに旬の食材があり、
それらを愛でる文化を持つ日本人。味わい方はそれぞれですが
その一つに旬の食材を炊き込みご飯にすることが挙げられます。

右から松茸、栗、穴子の炊き込みおにぎり。白飯ベースのおにぎりと趣向が異なり、よりダイレクトに旬の食材を味わえる

味、香りだけでなく見た目も重要

炊き込みおにぎりは、旬の食材の形がしっかり見えるように握るのがポイント。食欲や季節感がぐっと盛り上がる

調理方法や味付けで多様性が生まれる

地域ごと、家庭ごとに炊き込み方、食材の組み合わせや調理方法が異なる。日本のご飯文化そのものと言える

市販品で手軽に作れる炊き込みおにぎり

食品メーカー、料亭などから、炊き込みご飯の素が数多く販売されている。定番だけでなく、季節限定商品なども手軽に作れて便利

炊き込みおにぎりでより手軽に旬を味わう

ごぼう、油揚げ、にんじんなど、さまざまな食材を入れて炊飯する炊き込みご飯。炊き立てはもちろん、おにぎりにすれば、冷めてもおいしく食べられます。

たけのこ、穴子、松茸、栗など、春夏秋冬のさまざまな旬の食材は、米と一緒に炊き込むことで、まるごと味わうことができます。食材の味や香りがご飯に染み込み、さらに食材の形を見て、食感も楽しめるのです。また、おにぎりにすることで、時間や場所を選ばず、手軽に日本の四季を感じることもできます。

旬の食材を使って一から調理するのも良いですが、米と一緒にそのまま炊くだけの便利な市販の炊き込みご飯の素も見逃せません。

おにぎり学入門

日本人のソウルフード「おにぎり」。
誰もが食べたことがある「おにぎり」。
栄養、歴史、おにぎりの形や具材など、
初めて知るおにぎりの知識に出会えるかもしれません。

参考文献

『おにぎりと日本人』（洋泉社）
『おにぎりの文化史：おにぎりはじめて物語 』（河出書房新社）
（あいうえお順）

おにぎりの栄養

米を中心とする和食は、栄養バランスが取りやすいと言われています。その理由を、女子栄養大学栄養学部教授の小西史子さんに、解説していただきました。

おにぎりは太りにくい

日本人は古来、米を主食にしてきました。最近は「米＝太る」という印象を持つ人が増えていますが、むしろご飯は太りにくい主食と言えます。

表1は、おにぎり1個分（ご飯１００ｇ）と、食パン１枚分（6枚切り60ｇ）の総エネルギー、脂質、タンパク質を比べたものです。おにぎりの方が、脂質が少ないことが分かります。おにぎりのタンパク質の量は、食パンより少ないです。しかし、米のタンパク質は必須アミノ酸のバランスが良いために、小麦粉より効率良くタンパク源として体内で使われます。

表１：おにぎりと食パンの栄養

	おにぎり １個分 （100g）	食パン ６枚切り １枚分（60g）
総 エネルギー	170kcal	149kcal
脂質	0.3g	2.2g
タンパク質	2.4g	4.4g

データ提供：女子栄養大学

また、おにぎりの総エネルギーは食パンより高いのですが、食パンはバターやジャムを塗って食べることが多いので、その分エネルギーは増えます。また甘い菓子パンと比べると、おにぎりはずっと低エネルギーです。例えば、メロンパン1個は、おにぎり2個（鮭おにぎりとツナマヨおにぎり）の総エネルギーと同程度ですが、脂質はおにぎり2個の約2倍です。ですから、間食に菓子パンやスナック菓子を食べるより、低脂肪・低エネルギーのおにぎりを食べる方が太りにくいです。夕食が21時を過ぎる人は、17時頃におにぎりを1個食べることをおすすめします。こうすると、夜の食事を軽くでき、糖尿病などの生活習慣病の予防にもなります。

ご飯は、粒食という利点もあります。粒食とは、穀物を粉にせず粒のまま調理したものです。これに対して、パンやうどんは粉食です。粒食は粉食と比べて噛む回数が多く、ゆっくり消化・吸収されるため腹持ちが良くなり、よく噛むことで脳が刺激されます。また、噛む回数が多いと、神経細胞が活性化することが分かってきました。朝食にご飯を食べている子供は、パン食の子供に比べて神経細胞の数が多く、ＩＱ（知能指数）が高いという報告もあります。

ご飯とパンを食べた時の血糖値の推移を比較すると、前者は緩やかに血糖値が低下します（図1参照）。これは、脳にブドウ糖が緩やかに供給されるということです。

ブドウ糖は、脳がエネルギー

図１：米飯食とパン食摂取後の血糖値の推移（全体）

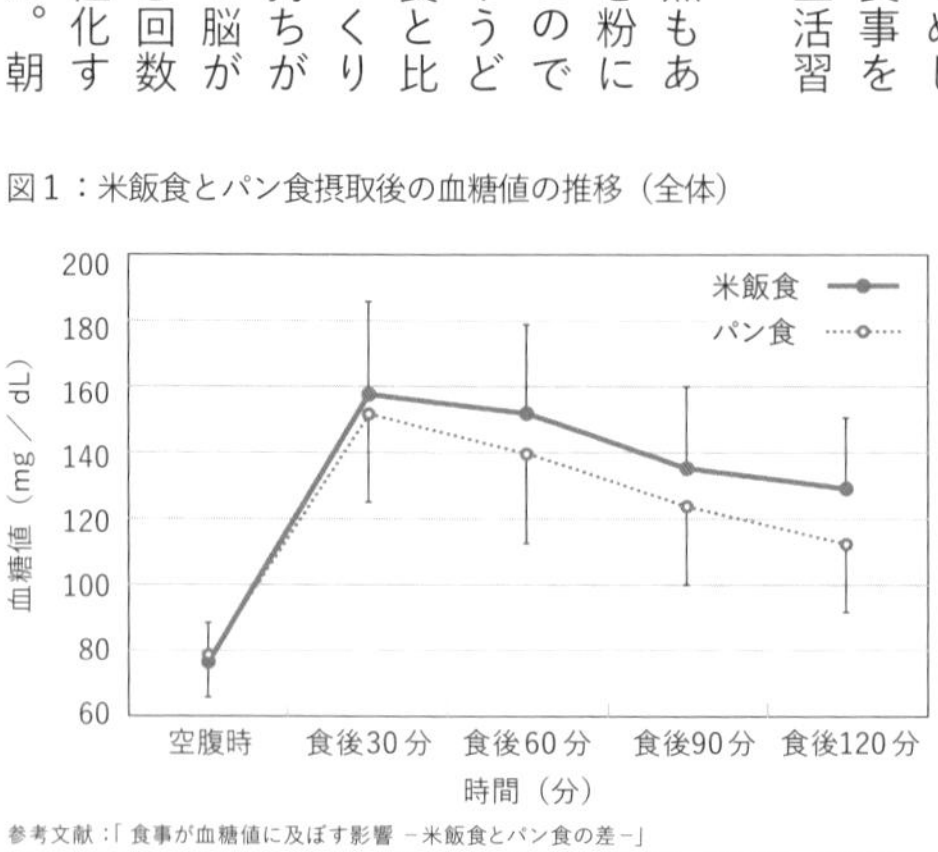

参考文献：「食事が血糖値に及ぼす影響 －米飯食とパン食の差－」
名古屋文理大学紀要　第8号（2008）pp33-39　内田あや、大橋美佳、中村美保、松田秀人

源として利用できる唯一の物質です。ブドウ糖が切れると脳がエネルギー不足になり、集中力が低下する恐れがあります。血糖値の下降が緩やかであると、集中力が持続しやすいと考えられます。また、おにぎりにタンパク質が豊富な具材を入れると、血糖値の上昇も緩やかになります。おにぎりは、仕事や勉強に集中したい日の朝食に打ってつけです。

逆に菓子パンは、血糖値が急上昇した後にぐんと下降することがあります。血糖値が下がりすぎると、低血糖になり体が冷えてイライラしやすくなります。そういった意味で、おにぎりは集中力を維持し、心を安定させる食べ物とも言えます。

和食で生活習慣病を予防

さらに、おにぎりなどご飯を主食にする場合、おかずに野菜（煮物、漬物、お浸し）、味噌汁、納豆、豆腐、焼き魚などを付けた和食献立になりやすく、ヘルシーな食事をすることができます。和食は食物繊維を摂取しやすく、味噌、納豆、豆腐などの大豆製品はイソフラボンが豊富です。焼き魚などの魚介類は、DHA（ドコサヘキサエン酸）や、EPA（エイコサペンタエン酸）など、n-3系多価不飽和脂肪酸が多いため、糖尿病や心疾患などの生活習慣病や認知症の予防効果も期待できます。

おにぎりを中心に献立を考えると、味噌汁や魚などを合わせたヘルシーな和食になりやすいという、栄養的なメリットもある

ちなみに、大豆は、必須アミノ酸のリジンは多いのですが、含硫アミノ酸が少なく、逆に、米は、リジンが少なく、大豆に少ない含硫アミノ酸は多いので、おにぎりと味噌汁は互いに不足を補い合って、栄養的にも理にかなった組み合わせです。

一方、パンを主食にする場合、ハンバーグやステーキをメインにした献立など、洋食になりやすい傾向があります。肉や乳製品に含まれる飽和脂肪酸は、摂りすぎると糖尿病や心疾患などの生活習慣病の危険性を高めます。

具材による栄養面の＋α

ここまでおにぎりの利点をご飯の良さを中心に紹介しましたが、具材を入れることによる栄養面のメリットもあります。おにぎりの具材の人気ランキングを見てみると、鮭、ツナ、筋子、おかか、たらこ、昆布など魚介・海藻類が多く挙げられています。日本人の魚介類の摂取量は減少しており、特に若者層の魚介離れが顕著ですが、おにぎりでは魚介・海藻類が人気なのです。

鮭をはじめとする魚介類には、先述したとおりDHAやEPAが多く含まれています。また、おにぎりに欠かせないのりは、カロテンや葉酸などの栄養素が豊富です。日本人は葉酸が不足しがちなので、おにぎりを食べて摂取量が増えるのは望ましいこと。のりと魚介類の組み合わせは、グルタミン酸×イノシン酸の相乗効果でうま味がいっそう強まるというメリットもあります。

栄養面でも味覚という観点でも、おにぎりは優れた食べ物と言えます。ぜひ日々の食生活に取り入れてください。

小西史子《こにしふみこ》さん

女子栄養大学栄養学部教授。1979年にお茶の水女子大学家政学部食物学科を卒業。その後1984年、東京大学医学系大学院にて博士課程を修了。共著・監修に『50からのいたわりレシピ』（KADOKAWA メディアファクトリー）、『ウィズエイジングの健康科学』（昭和堂）など

再認識されるおにぎりと食文化

日本人は年間にどのくらいおにぎりを消費しているのでしょうか？
1世帯あたりの消費支出額、都道府県別年間消費額などを一つの指標に
食文化なども含めて生活史研究家の阿古真理さんに解説していただきました。

増え続ける消費量

　食文化の変化による米離れのイメージから、「おにぎりの消費量は減っている」という印象をお持ちの方がいらっしゃるかもしれませんが、実はここ数年、おにぎりのブームが起こっています。総務省の家計調査によれば、1世帯あたりの「おにぎり・その他」の年間消費支出額は２０１４（平成26）年から増加傾向にあり、２０２１（令和3）年には、全体で約２８３０億円に上ります。コロナ禍に入った２０２０（令和2）年は外出を控える人が多かったためか一旦減少しましたが、その後再び増加し始めました。

　２０２１（令和3）年1世帯あたりの消費支出額で全国の購入頻度を比べてみると、おにぎりは調理パンより多く買われています。調理パンは手軽な食事として人気が高いですが、購入頻度で見るとおにぎりの方が多いのです。おにぎりは、家庭で手作りする場合も多いことを考えると、もっとたくさん食べられているはずです。コンビニエンスストアなどの売り上げ額から考えると、消費支出額は倍近い数字になるという説もあります。

　おにぎりの消費量が増えている理由のひとつは、ライフスタイルの変化です。おにぎりの消費金額が増加し始めた２０１４（平成26）年は、子育て世代を中心に「家事をラクにしよう」とするムーブメントが目立ち始めた時期です。ワーキングマザーが増え、子育てと仕事の両立が大変な人が多くなりました。おにぎりなら、数個で1人分の食事になりますし、他のことをしながら片手で食べることもできます。

　図1は1世帯あたりの「おにぎり・その他」の年間支出消費額を世帯の年齢別に分けたものを表していますが、おにぎりの購入金額が最も高いのは、仕事や子育てで忙しい40代です。この図からもおにぎりが子育て世代の需要と合っているのが見て取れます。

地域別の消費額

　図2の日本地図は、都道府県別に1世帯あたりの1年間のおにぎりの消費金額を色分けしたものですが、特に多いのは、赤く塗られた部分（首都圏など）で、特に少ないのは、青く塗られた部分（青森県や関西圏など）です。大都市圏で比べてみると、関東の方が関西よりもか

図1：2021年1世帯あたりの年間の
「おにぎり・その他」の消費支出額

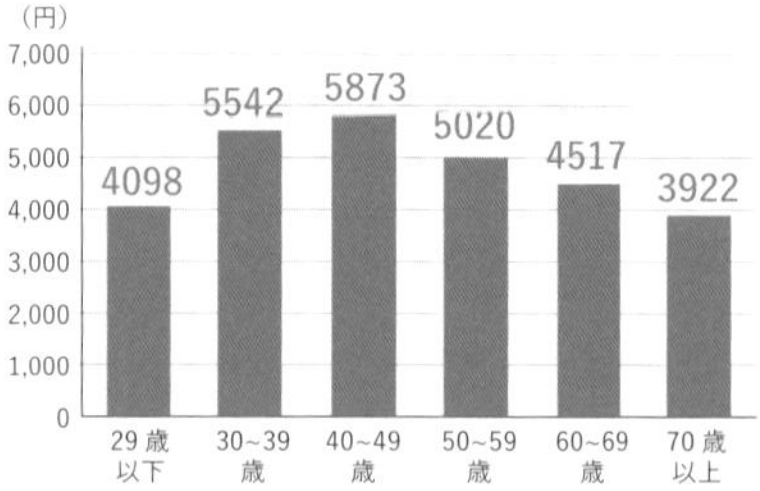

出所：『家計調査』（総務省）の二人以上の世帯（単身世帯を除く）の家計支出を基に作成。
※年齢は世帯主の年齢です。

なり消費金額が多いです。首都圏はライフスタイルが多様で、外食やテイクアウトなど、外で食事を調達する人が多いことが影響していると思われます。

　一方、関西は早くからパン食が浸透しました。パンの消費金額のトップ10の多くを、京都市や神戸市などが占め、朝食はパン派が多い。そうした食生活の違いが、二つの都市圏の違いを生んでいると思われます。

やっぱり日本人は米が好き

　歴史を振り返ってみると、日本人はずっと真っ白い米のご飯を渇望《かつぼう》してきました。米は主食に位置づけられてきましたが、育てた農民は税として納めなければならない、あるいは商品にするため、米をあまり食べられない期間が長かったのです。昭和初期の食事を聞き書きした『日本の食生活全集』（農文協）を読むと、農村部では稗《ひえ》などの雑穀、麦などをたくさん混ぜた米のご飯、炊き込みご飯や混ぜご飯が日常食で、イモやうどんなどを主食にしていたところも多かったことが分かります。

　一般庶民にとって、真っ白い米のご飯は都会や上流階級の象徴でもありました。その分憧れは大きかったのではないでしょうか。もちろん、白米で作ったおにぎりも近代までは憧れでした。

図2：都道府県別年間おにぎり消費額
※ 2017 ～ 2021 年の平均消費金額です。

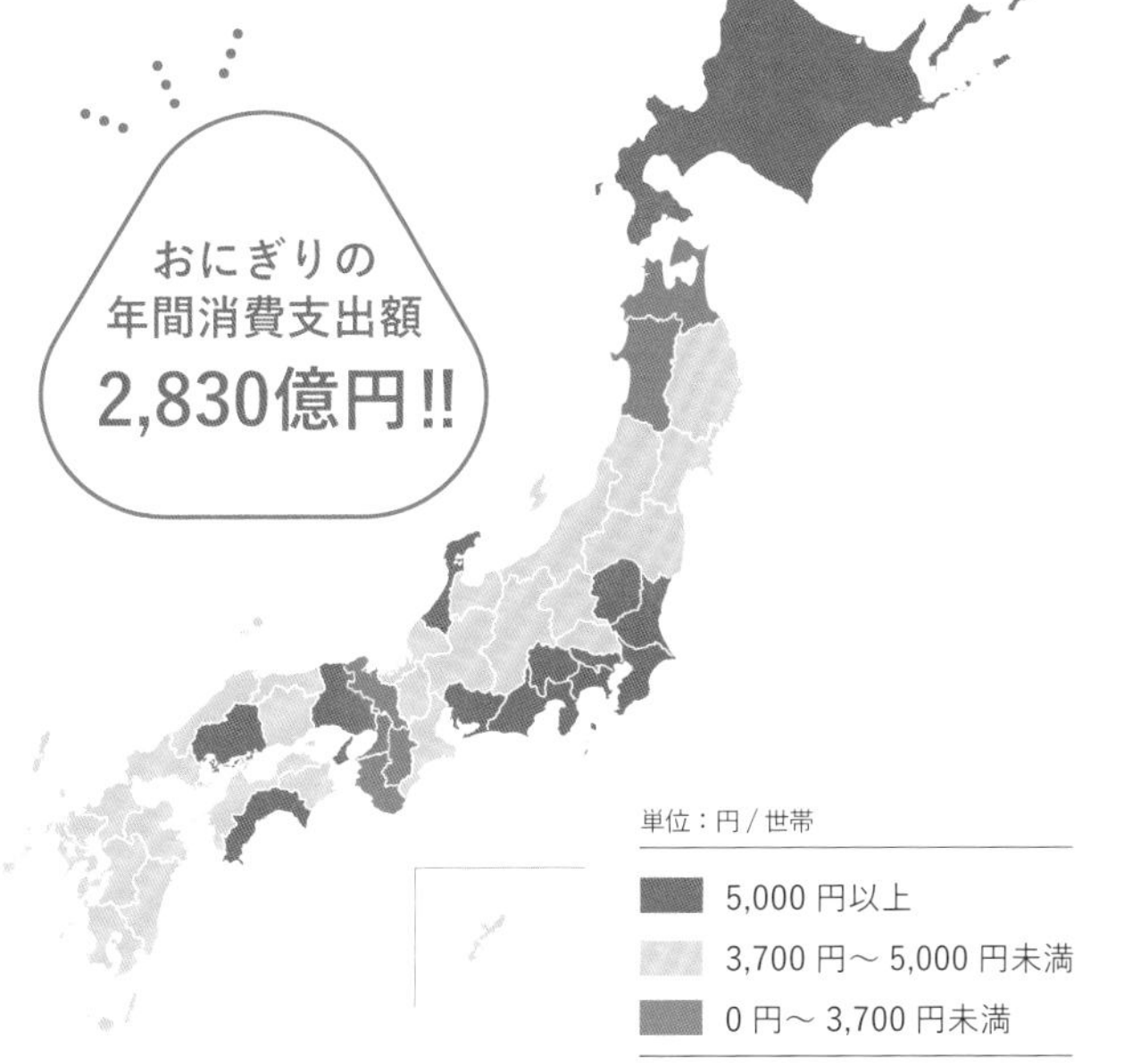

出所：『家計調査』（総務省）の総世帯の家計消費支出を基に作成。
※図は各都道府県庁所在地（東京都は区部）の数値で色付けしています。

おにぎりブームの到来

　日本は世界各地の食が、気軽に食べられるグルメな国になりました。

　でもそんな中で、昔の暮らしが見直されています。和食の良さが再認識され、味噌作りや梅干し作りの流行が続いています。

　最近は出来立てを食べられるおにぎり専門店が続々と誕生し、おにぎりブームがやってきています。洋風の具材が入ったものなど、食の多様化の波を潜り抜けて進化し、定番はもちろん、さまざまなバリエーションが楽しめます。

　多様化も組み込んだうえで、再認識されるおにぎり。それはおにぎりがある意味で、日本の食文化を象徴しているからと言えるでしょう。

阿古真理《あこまり》さん

作家・生活史研究家。食を中心にした暮らしの歴史、トレンド、女性の生き方などをテーマに東洋経済オンラインなどで執筆する。主な著書に『家事は大変って気づきましたか？』（亜紀書房）、『小林カツ代と栗原はるみ　料理研究家とその時代』（新潮新書）など超圧縮 1万年！

おにぎりの歴史

日本の歴史、米に関する出来事、
おにぎりの歴史を時系列でダイジェスト。
年表形式で分かりやすくしました。

歴史	米に関する出来事	ご飯・おにぎりに関する出来事
縄文時代（約1万年前〜紀元前4世紀頃） ・狩猟、採集を中心とした生活 ・家畜や農耕が始まる	■大陸から稲と稲作が伝わる	
弥生時代（紀元前4世紀〜紀元前3世紀頃） ・小国の分立、邪馬台国の出現 ・稲作を中心とした定住生活が始まる	■**水稲栽培**が始まり、日本各地に広まる ■木製のすきやくわ、石包丁などの農具を使い、田おこしから収穫まで米作りをすべて人力で行っていた ■米は高床式倉庫に保管されるようになり、米の貯えの多さで貧富の差が生まれるようになった	■この時代のものとみられる炭化米《たんかまい》（真っ黒に変色した米）のかたまりが遺跡から発見された ■米は**土師器**《はじき》という素焼きの土器で煮込んで、おかゆにして食べられていた
古墳時代（紀元3世紀中頃〜7世紀） ・ヤマト王権による統一が進む ・漢字、仏教、儒教、鉄、機織り技術などが伝来	■土木技術が発達し、溜め池や用水路の整備により、水田が広がった ■鉄製のすきやくわ、かまが広く使われるようになり、米の生産量が増えていった ■各地で豪族が生まれ、米は富を表すものになった	■米を**甑**《こしき》という蒸し器で蒸す**強飯**《こわいい》が食べられるようになった
飛鳥時代（592〜710年） ・遣隋使、遣唐使の派遣 ・大化の改新	■646年 「**班田収授**《はんでんしゅうじゅ》**の法**」により、国は人々に口《く》分田《ぶんでん》を貸し与え、収穫した米などを税として納めるよう義務付けた ■現在のように根の部分を刈る**稲刈り**が一般的となり、鉄製のかまが普及していった	
奈良時代（710〜794年） ・平城京に都を移す	■743年 開墾後、末代まで土地の私有を認める「**墾田永年私財法**《こんでんえいねんしざいほう》」が制定される ■水田に稲の苗を直接植える田植えが広く普及し、一般的になった	■蒸した米を乾燥させた保存食**乾飯**《ほしいい》が食べられるようになった ■常陸国《ひたちのくに》風土記《ふどき》に**握飯**《にぎりいい》の記述がある

ご飯・おにぎりに関する出来事
ご飯やおにぎりに関する重要な出来事を示しています

米に関する出来事
米にかかわる重要な出来事を示しています。年代がはっきりわからないものは、年代を入れていません

歴史
縄文～令和までの時代と時代背景を簡単に示しています

［年表の見方］

平安時代（794～1185年）

・平安京に都を移す
・武士の登場

■貴族や寺社は、税を納められず口分田を離れた農民を雇い、荘園（開墾した土地）を増やしていった
■荘園を守るために、武器を持つ管理者を置くようになり、この管理者がやがて武士になっていった

■羽釜やかまどが使われるようになり、米をやわらかく炊いた**姫飯**《ひめいい》が貴族の間で食べられるようになる
■『源氏物語』に登場する、貴族が宴会などの際にふるまった**屯食**《とんじき》（強飯を握ったもの）がおにぎりの原型とされている
■『枕草子』に赤飯の原型とされるあずき粥の記述がみられる

鎌倉時代（1185～1333年）

・源頼朝が征夷大将軍となる
・承久の乱

■鎌倉幕府は荘園を守ったり、農民から年貢を集めるなどの役目の**地頭**を各地に派遣して管理させた
■農業技術の発達により、1年に2回、同じ土地で違う作物を作る**二毛作**が広まった
■牛や馬を使って田を耕す**牛耕**が広まる
■さまざまな肥料が使われるようになり、収穫量が増加
■田に水を引く水車や竜骨車が普及した

■**いろり**が広まり、鍋を火にかけて米を煮炊きするようになった
■戦いが多く、屯食を竹の皮で包んで携帯食として持ち歩いていたとされる
■承久の乱（1221年）で武士に食糧として**梅干し入りのおにぎり**が配られた

室町時代（1333～1573年）

・足利尊氏が征夷大将軍となる
・応仁の乱

■農民たちは村ごとに**惣**《そう》（自治組織）をつくり、共同で農作業を行った
■農民が武器を持ち、税を軽くするように要求する**一**《いっ》**揆**《き》が各地で起きた

■鉄釜が普及し、一般的にも姫飯が食べられるようになった
■庶民の間でも1日3回の食事が定着し始めた

安土桃山時代（1573～1603年）

・織田信長が室町幕府を滅ぼす
・南蛮貿易が盛んに行われる
・豊臣秀吉が全国を統一する
・関ヶ原の戦い

■1582年「**太閤検地**」が始まり、豊臣秀吉が全国の田畑を正確に測量、収穫量を把握し、年貢高などを定めて記録（石高制）した
■土地の生産力は、米の収穫量で換算した単位「石《こく》」により石高とした（※一石は、当時の一人あたりの米の年間消費量1000合に値する）

■おにぎりは兵糧《ひょうろう》（戦の時の武士や兵士の食糧）として重宝された

超圧縮 1万年！
おにぎりの歴史

歴史	米に関する出来事	ご飯・おにぎりに関する出来事
江戸時代（1603〜1868年） ・徳川家康が征夷大将軍となり、江戸に幕府を開く ・百姓一揆・打ちこわしが増える ・鎖国→開国 ・大政奉還	■1669年　年貢を多く徴収するため枡の大きさが全国統一された ■新田《しんでん》の開発　江戸幕府や藩は開墾を進め、新田を増やして米の収穫量の増加をはかった ■人糞や海産物の肥料が使われ始めた ■備中ぐわ、千歯こき、唐箕《とうみ》など、新しい農具が登場 ■冷害や病虫害による飢饉《ききん》がたびたび起こり、多くの餓死者が出た	■ふた付きの釜が普及し、水分がなくなるまで炊く「炊き干し」という炊き方が広まり、現代とほぼ同じようなご飯が食べられるようになった ■精米技術が進み、白米が広く食べられるようになった ■のりの養殖が始まり、のりで巻かれたおにぎりが登場 ■1日3食の習慣が定着した
明治時代（1868〜1912年） ・明治維新 ・廃藩置県 ・大日本帝国憲法の発布 ・文明開化	■1873年　「地租改正」によって税が年貢米から地価の3％の地租を貨幣で納めるようになる 北海道で初めて米の栽培に成功 ■1893年　山形県で冷夏でも育つ稲穂が発見される	■1885年　鉄道が開通し、日本で初めて駅弁（梅干し入りおにぎり、たくあん）が販売された ■1889年　山形県の小学校で、日本で初めての給食（おにぎり、焼き鮭、菜の漬物）が実施された
大正時代（1912〜1926年） ・第一次世界大戦に参戦 ・関東大震災	■1918年　富山県で米騒動《こめそうどう》が起こる ■1921年　「米穀法」が制定され、国が米の値段を調整するようになる 人工交配による稲の品種改良に成功	■個別の膳で食事する形式から、食卓を囲んで食べるようになった
昭和時代（1926〜1989年） ・日本国憲法の公布 ・高度経済成長始まる ・家庭電化製品の普及、テレビ放送の開始	■1930年　豊作により米価が下落し、飢饉となる ■1939年　「米穀配給統制法」が公布され、米穀を扱う商いは許可制になる ■1940年　「米穀管理規則」の公布により、農家に対して、一定数量の自家保有米を除き、米を決められた値段で国に売る義	■1955年　東芝が自動式電気釜を発売する ■1971年　「米の食味ランキング」が毎年発表されるようになる ■1973年　レトルト米飯（パックご飯）が初めて販売される ■1976年　米飯給食が開始される

・マスメディアの発達
・東海道新幹線開通
・東京オリンピック
・大阪で日本万国博覧会開催
・コンビニエンスストアの登場
・バブル経済

務が課されるようになる

■１９４２年　「食糧管理法」公布　米穀の配給通帳制度が全国で実施される

■１９４６年　「農地改革」が進められる

■１９５６年　ブランド米「コシヒカリ」が誕生

■１９６１年　「農業基本法」が公布される

■１９６９年　「自主流通米制度」が始まる

■１９８２年　「改正食糧管理法」が施行される

■１９７８年　コンビニエンスストアのセブン-イレブンがおにぎりを初めて発売する

■１９８２年　おにぎり用ふりかけが初めて発売される

■１９８３年　セブン-イレブンが「手巻おにぎりシーチキンマヨネーズ」を発売し大ヒット

平成時代
（１９８９〜２０１９年）

・東日本大震災
・人工知能（ＡＩ）の急速な発達

■１９９１年　無洗米が誕生し、研ぎ洗いせずに水を加えるだけで炊飯できるようになる

■１９９５年　「新食糧法」が施行される
ミニマム・アクセス米の輸入が始まる

■１９９９年　米の関税化が始まる

■２００１年　「特別栽培農産物に係る表示ガイドライン」を制定

■２００４年　「新食糧法（改正食糧法）」が施行され、農家でなくても自由に米を販売できるようになる

■２００７年　米価が暴落し、米緊急対策が行われる

■２０１０年　「米トレーサビリティ制度」が始まる

■２０１８年　米生産調整（減反政策）が廃止される

■１９８９年　冷凍焼きおにぎりが日本水産（現・ニッスイ）で初めて発売される

■１９９１年　ユーキャン新語・流行語大賞の新語部門で「ひとめぼれ」が銀賞を受賞

■２００１年　コンビニで高級おにぎりが登場する

■２００２年　お米マイスター認定制度が始まる

■２００６年　ごはんソムリエ認定制度が始まる

■２０１３年　和食がユネスコ無形文化遺産に登録される

■２０１５年　おにぎらずが流行語大賞にノミネート。スティックおにぎり、オイルおにぎり、デコおにぎりが次々と登場

■２０１８年　ローソンが「悪魔のおにぎり」を発売し大ヒット

令和時代
（２０１９年〜）

・オリンピック・パラリンピック東京大会開催

■２０１９年　「スマート米」（ＡＩやドローンを使い、農薬使用量を抑えて育てられた米）の生産取り組みが拡大

■２０２１年　「米のサブスク」が開始される

■２０１９年　ミシュランガイドに初めておにぎり専門店が掲載される

■２０２０年　おにぎりアートが登場

参照：『イネ・米・ごはん大百科6　お米の歴史』、『お米なんでも図鑑』（ともにポプラ社）、『お米の大研究』（PHP研究所）、『大研究　お米の図鑑』（国土社）、『よくわかる米の事典③ 米づくりの歴史』（小峰書店）（あいうえお順）

コンビニおにぎりの変遷

日本のコンビニでおにぎりが発売されてから40年以上。
その進化をおにぎりのパッケージと一緒に見ていきましょう。

※掲載しているパッケージデザインは、一部を除き販売当時のものであり、現在店舗で取り扱いのない商品もあります。

2002(平成14)年ローソンが厳選素材の「おにぎり屋」シリーズを発売。おにぎり=低価格の概念を覆す高級路線で大ヒット

1996(平成8)年セブン-イレブンがコンビニで初めてせいろ蒸し製法で作る、もちもち食感の赤飯おこわのおにぎりを発売

1978(昭和53)年セブン-イレブンが手巻きおにぎりを発売。パリッとしたのりの食感が楽しめる「パリッコフィルム」を採用した

2017(平成29)年ファミリーマートが「スーパー大麦」を使用した健康志向のおにぎりを発売

1983(昭和58)年に発売された「手巻おにぎりシーチキンマヨネーズ」(現・「手巻おにぎりツナマヨネーズ」は、今もコンビニおにぎりで不動の人気を誇る

コンビニおにぎりは国民食!?

街を歩く人に「どこでおにぎりを買いますか?」と聞くと、「コンビニ」と答える人が多いでしょう。それほど、日本の国民食であるおにぎりを大きく変えたのは「コンビニおにぎり」です。業界1位のセブン-イレブンだけでも、なんと年間20億個以上が販売されています。私は、国内のコンビニだけで45億個前後と予測しています。ちなみに、おにぎり市場は約5000億円とも言われています。

日本にコンビニが広まる1970年代まで、おにぎりは「店で買うものではなく、家庭で作るもの」でした。そんな時代に日本のコンビニの生みの親である鈴木敏文氏が「これからは店で買うニーズが必ずくる」と予測。家庭で作るおにぎりを追求し、「パリパリののり」で差別化した商品開発を進め1983(昭和58)年にセブン-イレブンが「手巻おにぎりシーチキンマヨネーズ」を発売します。この商品の大ヒットが、コンビニおにぎり文化における新時代の幕開けでした。発案のきっかけは、メーカー担当者の息子さんがご飯にマヨネーズをかけるのを見てひらめいたことだそうです。

もう一つのヒットの要因は、食べる直前にのりを巻くことを可能にした「包装フィルム」です。1978(昭和53)年にセブン-イレブンが業界初のおにぎりを包むための「パリッコフィルム」を誕生させました。

その後、2001(平成13)年に「こだわりおむすび」を発売。時代に合わせて具材、米、のりを進化させ、現在に至ります。

その他コンビニのヒット商品

ローソンの人気シリーズ「おにぎり屋」が誕生したのは2002(平成14)年11月。新潟県産コシヒカリを使用したおに

田矢信二《たやしんじ》さん

コンビニ研究家。近畿大学商経学部卒業。幼少期は実家の小さなおもちゃ屋で商売を学ぶ。その後、セブン-イレブン、ローソンを経て、コンサルタント会社に勤務。コンビニの本部社員として働いた現場経験を活かし、コンビニに関する講演・セミナーからテレビ・ラジオ番組などにも出演

2022（令和４）年ローソンがブランド米に特化した「日本おこめぐり」シリーズを発売。日本各地で生産されている希少な「ブランド米」を使用

2020（令和２）年ファミリーマートが米、のり、具材にこだわった贅沢おむすび「ごちむすび」シリーズを発売

2018（平成30）年ローソンが「悪魔のおにぎり」を発売。キャッチーな商品名が受けて爆発的ヒット

2021（令和３）年ファミリーマートが「SPAMむすび」を発売

セブン-イレブンが米のおいしさをとことん楽しめる「塩むすび」を発売し、大ヒット

ぎりで、当時は革新的でした。就任したばかりの新浪剛史社長が「他のコンビニにはないおにぎりを作る」と、おにぎりのプロジェクトチームを作ったのがきっかけです。おにぎり屋シリーズの「焼さけハラミ」は、ロングセラー商品に育っています。

ファミリーマートは、2006（平成18）年に独自の精米方法を採り入れた米「金芽米」を使用したおにぎりを発売し、人気商品になりました。独自の精米方法で白米よりも金芽（胚芽の一部）と亜糊粉層（うま味層）を絶妙なバランスで残すことを実現させ、栄養とおいしさを両立した金芽米を採用していました。

2020（令和2）年に発売された「ごちむすび」は、シリーズ累計1億5000万個を突破。米やのり、素材にとことんこだわっています。具は、おいしさ、食べごたえにこだわり、鮭、鯖などは調味前に藻塩や塩麹を用いて熟成させることで魚のうま味を引き出しています。

コンビニの最新トレンド

コンビニおにぎりは多様化しています。例えばセブン-イレブンののりを巻かない「新潟県産コシヒカリおむすび　塩むすび」やSNSで話題になったおにぎりの表面に明太子がたっぷりのっている「明太子おむすび」。ファミリーマートの売り上げ累計2000万個突破の「SPAMむすび」。これらよりも少し前、2018（平成30）年にローソンから発売され、発売から1年で5600万個を突破した爆発的ヒット商品の「悪魔のおにぎり」などバラエティーおにぎりも支持されています。

コンビニでは、新機軸なおにぎりが時代の変化に合わせて生み出されています。ほぼ毎週新商品が発売され食べられるコンビニおにぎりは日本人の冷蔵庫がわりになるほど、生活に浸透していると言えるでしょう。

おにぎりの作り方、どうやって覚えましたか⁉

おにぎりは、自分で作るものから買うものに変化してきました。それにつれ、おにぎりを作ったことがない人も増加中です。しかし、自分で作るおにぎりは、とてもおいしいもの。今さらながら、おにぎりの基本形を整理してみました。

おにぎりの作り方をどこで覚えるかは人それぞれ。親子で作り方を伝承する機会は少なくなっているのかもしれない

昭和60年代の小学校家庭科の教科書には、おにぎりの作り方が載っている。ただし、スペースは小さい

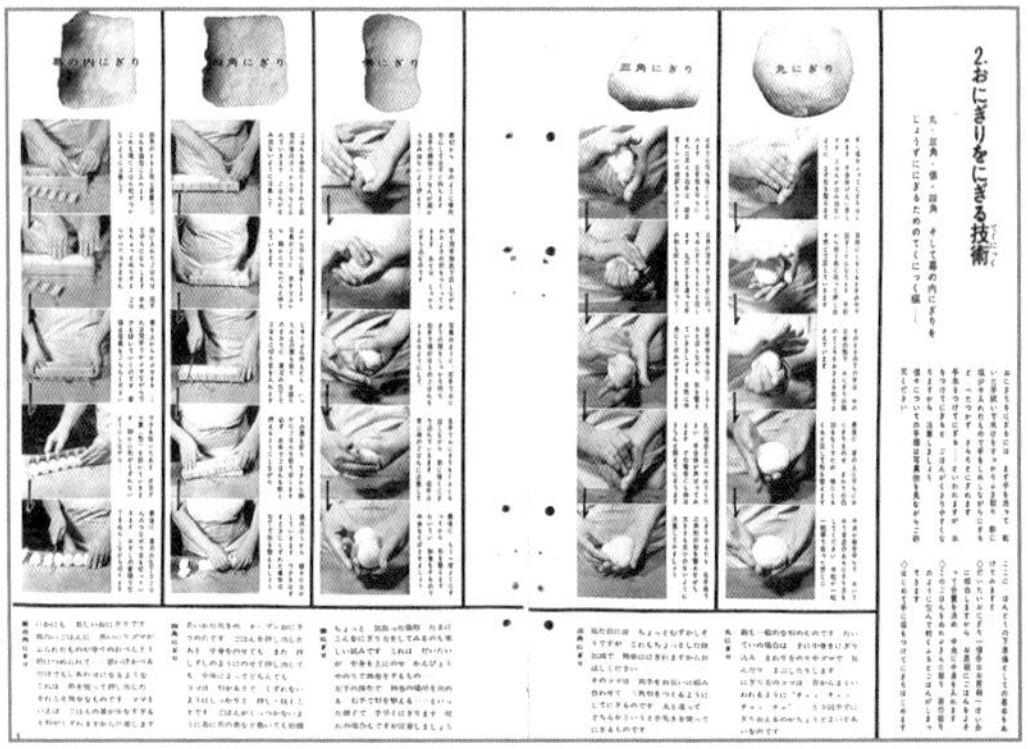

昭和30年代の雑誌「家庭画報」では、おにぎりの握り方から形のバリエーションまで広範囲に特集を組んでいる。もちろんこの時代、おにぎりは家で作るものだった

かつては家族、学校、雑誌で覚えて実践していたが……

昭和後期頃は、おにぎりの作り方を小学校5～6年の家庭科で習ったようです。地域や教科書の種類、教え方で異なりますが、現在40代前後の人は、授業でおにぎりの作り方を覚えたということになります。

しかしながら最近は、大学生でもおにぎりを握った経験のない人が半数以上いるという報告もされています。

そもそも米が主食の日本人は炊飯の方法と同じくらいに、おにぎりの作り方を知っていてもよいはず。昔は、当たり前に家族や知人に作り方を教えてもらっていたのではないでしょうか？　形や味付けなど、そこで覚えた内容がその人のおにぎりのデフォルトとなり、また誰かに教えてアレンジが加えられ、いろいろなおにぎりのスタイルが人づてに拡がっていきます。

おにぎりの多様性と未来は、まず自分で作ってみることから始まると言えます。

おにぎりの形

おにぎりの形は大きく4つに分けられます。
三角だけでなく、いろいろな形に握ってみましょう。

俵形

握り方

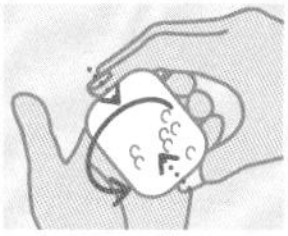

左の手のひらにご飯をのせる。おにぎりの両サイドが平らになるように、右手の親指で片側を、それ以外の指で反対側を押さえながら、左手のひらの上で転がし、俵形に整える

三角形

握り方

左の手のひらにご飯をのせ、右手を山形にしてご飯を上から押さえ、三角形の角を作る。この形を保ちながら手前に数回転がし、三角形に整える

太鼓形

握り方

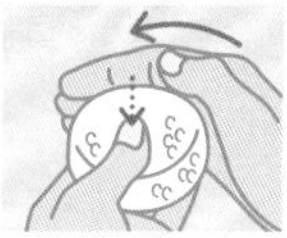

左の手のひらにご飯をのせる。右手を緩いアーチ形に曲げてご飯の側面にかぶせる。左手の親指で中央を軽く押しながら右手でご飯を回し、やや平たい丸形に整える

丸形

握り方

左の手のひらにご飯をのせる。右手をアーチ形に曲げてご飯の上にかぶせる。おにぎりを転がしながら握り、全体を包み込むようにして丸い形に整える

※右手を利き手とした場合の握り方です。

三角形だけではない
形の豊富さもおにぎりの魅力

おにぎりには、大きく分けて4つの形があります。三角形、丸形、俵形、太鼓形です。

三角形のおにぎりは、江戸時代に関東で誕生したと言われています。持ち運びに便利で食べやすい、旅人の携帯食でした。

丸形のおにぎりは、三角おにぎりが登場するまでの主流。握りやすく、最も原始的なおにぎりの形と言えます。俵形は「幕の内弁当」や「駅弁」でおなじみのスタイルで、関西以西に多く見られます。一説によると、関西ではおにぎりに味付けのりを使うため、巻きやすい俵形が普及したのだとか。太鼓形は主に東北で多い形ですが、最近はコンビニで売られている、赤飯やチャーハンを使ったおにぎりに太鼓形が用いられています。

三角形や丸形はご飯の中に具材を入れやすいのが特徴で、太鼓形は混ぜ込むのに最適。俵形は、具材を入れないスタイルも珍しくありません。

ご飯の種類

おにぎりのベースとなるご飯の種類をご紹介。
見た目も、食感も、味わいも多種多様です。

玄米

玄米とは精米する前の米のこと。白米と比較すると、食物繊維、ビタミン、ミネラルなどが豊富なため、健康意識の高い人たちを中心に人気が高まっている。白米に比べて粘りが弱いため、おにぎりの形にまとめるのにコツが必要。ぷちぷちとした食感で、噛みごたえがある

白米

日本人にとって最もなじみのあるご飯であり、おにぎりに使用するベースとしても、最もポピュラー。「精白米」や「銀シャリ」とも呼ばれる。一般的に白米は、手塩をしてから握ることが多い。また、白米に塩を混ぜ込んでから握るパターンや、塩を使わないおにぎりもある

おこわ

もち米を蒸したり、炊いたりしたご飯のこと。小豆やささげを混ぜて蒸した赤飯の他、栗や山菜と炊いた、栗おこわ、山菜おこわのおにぎりなどもある。「強飯」とも言い、やや固めでもちもちとした食感で食べごたえがあるため、満腹感を得やすい。冷めてもふっくらとしておいしく、おにぎり向き

炊き込み

米を炊く際に具材を加え、出汁、塩、醤油、酒などで味付けをして、炊き込んだご飯。具は、鶏肉、きのこ、野菜、魚介などさまざま。複数の具材を入れたものを「五目飯」や「かやくご飯」と呼んだりもする。その季節ならではの食材を入れることにより、おにぎりで旬を楽しむことができる

雑穀米

白米に玄米、あわ、きび、もち麦などの雑穀を混ぜ合わせて炊いたご飯を雑穀米と呼ぶ。混ぜる雑穀の種類や量によって味と食感も変わり、五穀米や十六穀米などの種類がある。食物繊維が豊富で、ミネラル、ビタミンなどの栄養素を含むため、玄米おにぎりと同様に、健康志向なおにぎりとして親しまれている

酢飯

酢飯とは、白飯を酢、塩、砂糖、出汁などで味付けしたもの。酢飯で作ったおにぎりは、さっぱりとした味で食べやすいと注目されている。具材を中に包んで握ったおにぎりの他、酢飯に具材を混ぜ込んで握るおにぎりもある。酢には防腐・殺菌効果もあるので、夏に持ち運んで食べるのに打ってつけ

混ぜ込み

炊き上がった白飯に、具材を混ぜ込んで味付けをしたご飯のこと。あらかじめ具材と調味料を入れて炊飯する炊き込みと違い、炊飯後に混ぜ込むところが特徴。手軽に作れることもあり、家庭で握るおにぎりとしてはメジャーな存在。わかめ、しらす、大葉、ひじきなどは、混ぜ込み系の代表的な具材

写真：にぎりめし（P.92）

焼くことで変化が付けられる

おにぎりは、ベースのご飯の種類を変えるだけではなく、調理法によっても味付けが異なる。例えば、焼きおにぎりは、白米をベースに作ったおにぎりの表面に醤油を塗って焼き上げるか、味噌を塗って焼き上げるかでずいぶん違う味わいになる。もちろん、ベースを白米から玄米に変えてみれば、バリエーションはもっと増える

ベースを変えることで味と食感に変化が生まれる

「おにぎり」と聞くと、ご飯の真ん中に具材を入れたものが真っ先に浮かびますが、もちろんそれだけではありません。ベースとなるご飯の種類を変えることで、見た目も味もまったく異なる、多彩なおにぎりを作ることができるのです。

近年、人気が高まっているのが玄米や雑穀米を使ったおにぎりです。白米に比べビタミンやミネラルなどの栄養価が高く、食後の血糖値の上昇が比較的緩やかなことから、健康志向に応えるおにぎりとして注目されています。

炊き込みと、混ぜ込みタイプのおにぎりは、どちらもご飯と具材を混ぜ合わせたスタイルです。おにぎり全体が味付けされるので、どこを食べても同じ味わいを堪能できます。また、旬の具材を使用することで、季節感を楽しめる点もポイント。両者の違いは、米を炊く時に具材を合わせるのか、炊飯後に具材を混ぜ合わせるかです。

おこわは、もち米を使っているのが特徴です。もち米と小豆を合わせて蒸した、赤飯もおこわの一種。小豆以外の豆を使用することもあります。また、佐賀県で秋祭りの際に供される栗おこわのおにぎりや、鳥取県の大山《だいせん》おこわのおにぎりなど、郷土色の強い種類もあります。

酢飯を使ったおにぎりや、白米のおにぎりに醤油や味噌を付けてから焼いた、焼きおにぎりも忘れてはいけません。このようなバリエーションの豊富さも、おにぎりの魅力の一つです。

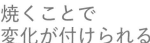

のりメーカーに
聞いてみました!!

のりの選び方

おにぎりに欠かせないのり。
のりを選ぶ時のコツをのりメーカー・大森屋さんに伺いました。

黒くて艶のあるのりを選ぶ

我々のりメーカーは「香り・艶・厚さ」などを基準にのりを選んでいます。有明海産や瀬戸内海産、宮城県産など産地はさまざまありますが、磯の香りが豊かで風味が強く、黒くて艶があり、厚すぎず薄すぎないものが選ぶ目安です。スーパーなどで、どののりを購入するか迷った場合は、これらを念頭に置いて選ぶと良いでしょう。

また、あまり安価なのりは選ばない方が無難。のりは加工頻度が低いので、のりの品質がのりの価格にそのまま反映されています。品質の良いのりは、その分高価なのです。

この他の選ぶポイントは、旬の時期に収穫された「新のり」がおにぎりに合います。その中でも「一番摘み」ののりが風味豊かでやわらかいのでおすすめです。

これがおにぎりに適したのり！

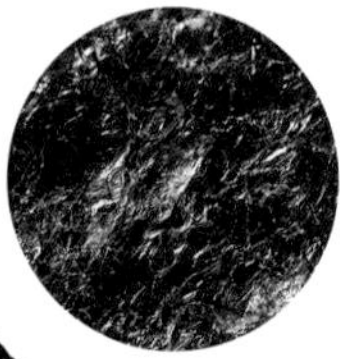

香り・風味
磯の香りが強く、風味豊かなものを選ぶと良い

厚み
厚すぎると時間が経つと噛み切れなくなり、薄すぎると破れてしまうので、厚すぎず、薄すぎないものが使いやすい

色・艶
黒くて艶のあるものを選ぶと良い。一番摘みののりは黒い

産地
有明海産はうま味成分であるアミノ酸を多く含む。やわらかく、口溶けも良い

旬
11月下旬から1月にかけて旬の時期になる。この時期に採れたのりを使った「新のり」は、うま味や風味が強い

PICK UP!

のりを選べるおにぎり店

大森屋直営のおにぎり専門店。おにぎりを選び、それに合わせて味や質感が異なる、有明海産の焼きのりと味付けのり、瀬戸内海産の焼きのりの3種類から選ぶことができる。

具材は定番の梅の他、焼き鯖など食べごたえのあるおにぎりも豊富

SHOP DATA

大森屋のおむすび専門店
「のり結《むす》び 京都《きょうと》寺町店《てらまちてん》」

住 京都府京都市中京区寺町通六角下る桜之町 430-4
営 10:30 ～ 18:00
TEL 075-746-5468（代表）

のりの巻き方

のりの巻き方を6種類に分類してみました。
のりの巻き方を変えて、味や食感の違いを感じてみましょう。

帯巻き

成形したご飯に帯状ののりがぐるりと一周巻かれた巻き方。俵形のおにぎりや味付けのりを使用する場合はこの巻き方が多い

側面巻き

おにぎりの側面（厚み）にのりを一周巻いたもの。具材を中に入れずに広い面にのせて見せるおにぎりの場合にこの巻き方をすることがある

中央巻き

家庭のおにぎりでは、最も定番の巻き方。比較的小さめののりをおにぎりの中央に巻く。絵に描くおにぎりといえばこの巻き方が一般的

全面巻き

大きなのりでご飯が隠れて見えなくなる巻き方。どこから食べてものりを味わうことができる。丸形のおにぎりや、コンビニの三角形のおにぎりはこの巻き方が多い

専門店巻き／Bタイプ

大きなのりでご飯が見えなくなるくらいまではさむように巻く巻き方。のりの両端を対称に見えるようにしたり、片側を長くしたりして巻いている

専門店巻き／Aタイプ

おにぎり専門店でよく見られる巻き方で着物を着せるようにのりを巻く。トップのみご飯を見せ、そこに具材をのせ、中の具材の目印にすることも多い

のりの巻き方で変わる おにぎりの楽しみ方

のりの巻き方に決まりや、巻き方の名称はありません。本書では便宜的に名称を付けた6種類ののりの巻き方を紹介します。

もっともポピュラーなのが「中央巻き」。おにぎりの中央に小さめに切ったのりを巻きます。形が三角形、太鼓形などのおにぎりによく使用する巻き方です。他にも、三角形、太鼓形のおにぎりとの相性が良い巻き方として、おにぎりの側面にのりをぐるりと巻く、「側面巻き」が挙げられます。それに比べ、俵形のおにぎりによく使用する巻き方が「帯巻き」。のりを細めに切り、おにぎりの中央にぐるりと一周させる巻き方です。

また、おにぎり専門店に多い巻き方をA、Bの2タイプで紹介していますが、どちらも、のりを多めに使うのが特徴です。同じようにのりを多めに使う巻き方が「全面巻き」。丸形や三角形のおにぎり全体をのりで覆うように巻きます。

プロに学ぶ匠の手技
握りの極意

おにぎり専門店の多くは、すし屋のように職人の仕事ぶりを観察できる、オープンな厨房があります。まさに匠の手技とも言うべき握り方を、各店別に見てみましょう。

元祖ふんわり系　ぼんご (P.8)

型に多めのご飯と具をのせたら、さらにご飯をのせ、手塩で握る。しっかり握るのではなく、型からはみ出た分を整えるイメージ

型にご飯、具を入れる

▼

上にご飯をそっとのせる

▼

型から取り出す

◀

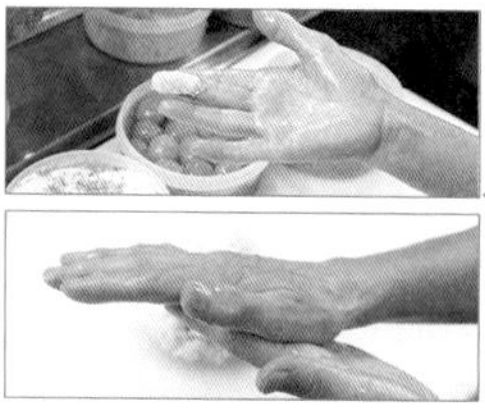

手に塩を取り、手のひら全体になじませる

▼

ふんわりと握る。型からはみ出た部分を押さえるようにする

▼

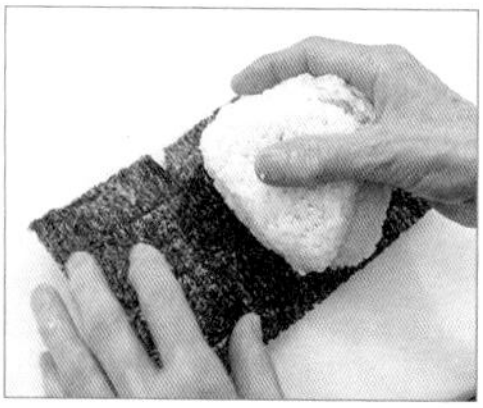

のりを巻く

見ているだけでも楽しい。目からウロコの手慣れた段取り

「ぼんご」ではカウンター越しに、おにぎり作りをつぶさに観察できる。しかし、動きが速く、とうてい真似のできない手技だ

おにぎり店のおにぎりの握り方は店それぞれで違う。おおよその段取りは似ていても微妙に違い、それがその店のおにぎりの個性になっている。代々受け継いだ握り方、握りずしの手法を応用した握り方など、卓越したプロの手技は、見ていて楽しい。イートイン可能な店は、こうした技術をつぶさに観察できる。その方法を自分のおにぎり作りに生かすこともできるが、研《けん》鑽《さん》を積んだ手技には、やはり遠く及ばないだろう。

具ごとの握り分け　蒲田屋 (P.93)

おにぎりの上から具をのぞかせるメニューが多く、ご飯を握るというより、
ご飯の上に具をのせたら、ふんわりとまとめるイメージ

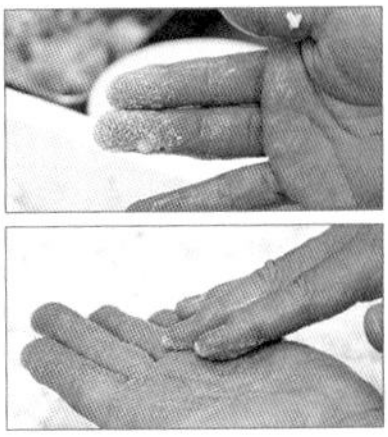

指２本に塩を取り、手のひら全体になじませる

ご飯を手に取り、具を中央にのせる

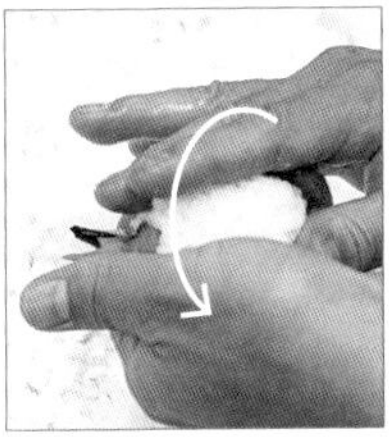

ご飯を少量上にのせ、横に転がして俵形に形を整える

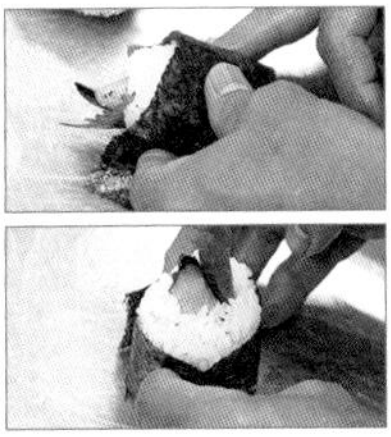

おにぎりを寝かせた状態でのりを巻いたら、おにぎりを立てて形を整える

小ぶりなつまみ系　えんむすび (P.16)

ご飯の上に具をまんべんなくのせ、その上にご飯をのせたら、
少しの力で押すだけ。元すし職人の技術が光る

少量のご飯に塩を少し混ぜ合わせておひつに入れておく

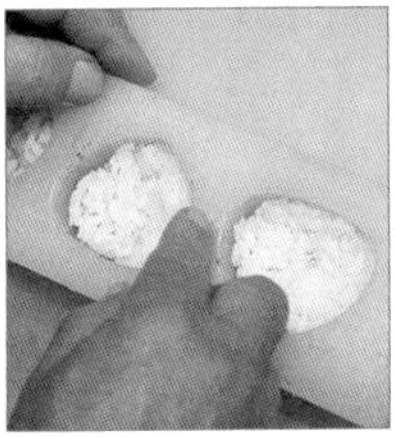

ご飯の中に空気を含ませるように握ったら型の中にご飯を入れる

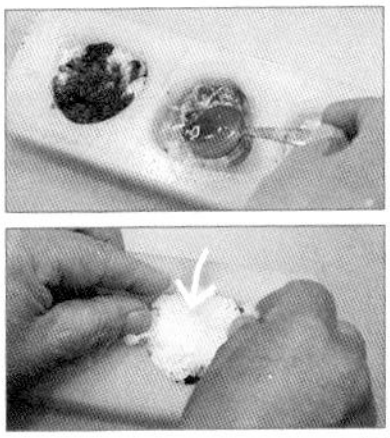

具をまんべんなく入れ、味付けが必要なものは味を付けたら、ご飯をのせて軽く押す

型から取り出し、のりを巻く

味付けの妙　おにぎりの古都屋 (P.84)

大きなおにぎりでもしっかり握らずに転がして形を整えるのみ。
塩をふり、表面に昆布出汁を塗って形を作る

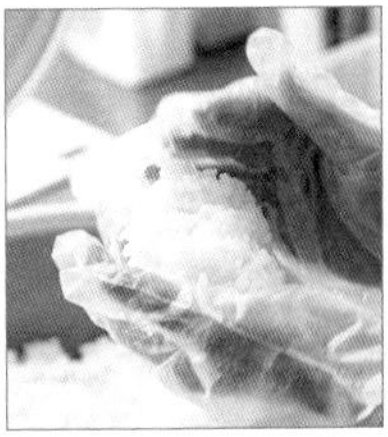

手塩をした手のひらにご飯をのせる

具をのせたら、その上にご飯をのせる

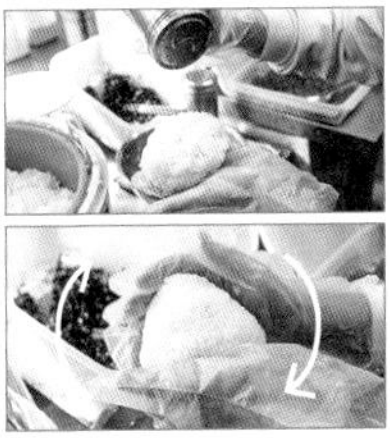

塩をふって昆布出汁を塗り、三角形に握り、白ごまをふる

のりを竹皮の上に置き、その上におにぎりを置いて、のりを巻く

Onigily Cafe

◀ 東京 ▶

カフェ空間で おにぎりを楽しむ！

a. ランチタイムに提供の「よくばりプレート」は、好きなおにぎりと塩おにぎりを1個ずつ、惣菜、から揚げ、味噌汁がセットで1,300円～　**b.** 人気2位の「塩昆布ツナ」と3位の「半熟玉子」。玉子はまるごと1個入っている　**c.** カフェスタイルのおしゃれな店内　**d.** オーナーの竹内未来さん。アパレル業界から転身し、おにぎり専門店をオープンさせた

おにぎり DATA

UP

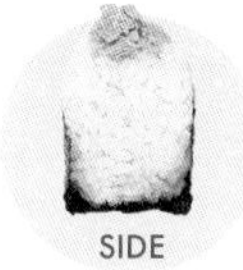
SIDE

形・握り
幅7cmほどの三角形。型を使って三角のベースを作り、角を取るように、3回ほど優しく握る

のり
有明海産を使用。薄めで風味が強いものをセレクト

ご飯
長野県佐久市産の「コシヒカリ」を使用。1個80～90gほど（具と合わせて100gになるように調整）

具

ほぐし鮭をご飯の中に入れておにぎりの上にものせる

シャケ

［W6.8×D4×H6.7cm］　イートイン価格200円／テイクアウト価格195円

ワンプレートスタイルで見栄えも楽しめる

「女性がひとりでも気兼ねなく定食を食べられる場所を作りたい」というオーナーの思いがこもった店は、外装、内装ともにおにぎり屋と言うよりもカフェのようなおしゃれな雰囲気。

人気のメニューはおにぎり2つに惣菜や味噌汁がセットになった「よくばりプレート」。おにぎりは具も含めて小ぶりで、女性でも2個、3個と食べやすい。また、おにぎりののりは、おにぎりの下に敷かれた状態で出てくるので、自分で巻いてパリパリの状態で食べることができる。

おにぎりの具は、梅、鮭、高菜などの定番から、ゆかり納豆、明太クリームなど変わり種まで、飽きがこないように常時14種類、週替わり1種類が並ぶ。いちばん人気のおにぎりは「シャケ」で、焼き鮭を丁寧に1枚ずつ手でほぐして下ごしらえをしている。

SHOP DATA

Onigily《オニギリー》 Cafe《カフェ》

住 東京都目黒区中目黒3-1-4
営 9:00～16:00
休 不定休
TEL 03-5708-5342
URL onigily.com
備 イートイン、テイクアウト可

ままかせ亭

◀ 青森 ▶

うにの風味が染み込んだ一品！

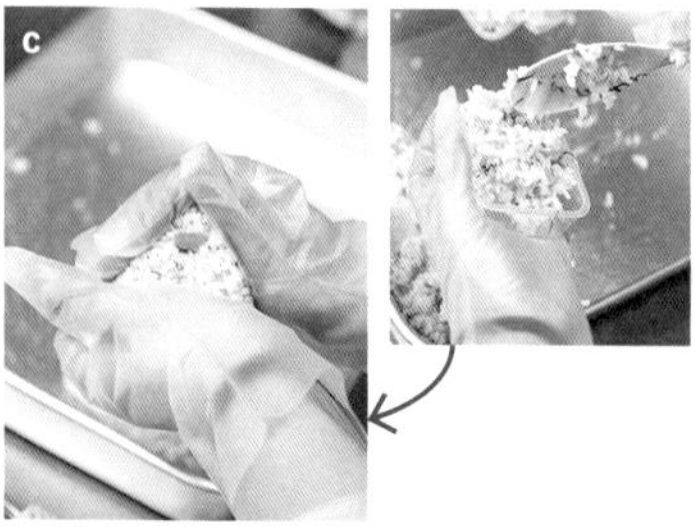

a. 左から人気１位の「うに」、２位の「ほや」、３位の「さば」。ほやは、中年層に人気。生のほやを食べたことがない、苦手という人も購入していく　**b.** 炊き上がったら、うにを一旦取り出し、バットに移す。ご飯の水蒸気を飛ばしながら、うになどの具材をまんべんなく混ぜ合わせる　**c.** 空気を含ませるように、優しく握る　**d.** 鯖の炊き込みご飯が炊けたところ。おこげも含めて白ごま、ねぎなどを加えて混ぜ合わせる

おにぎり DATA

UP

SIDE

形・握り
幅 7cm ほどの三角形。空気を含むようにふんわりと握る

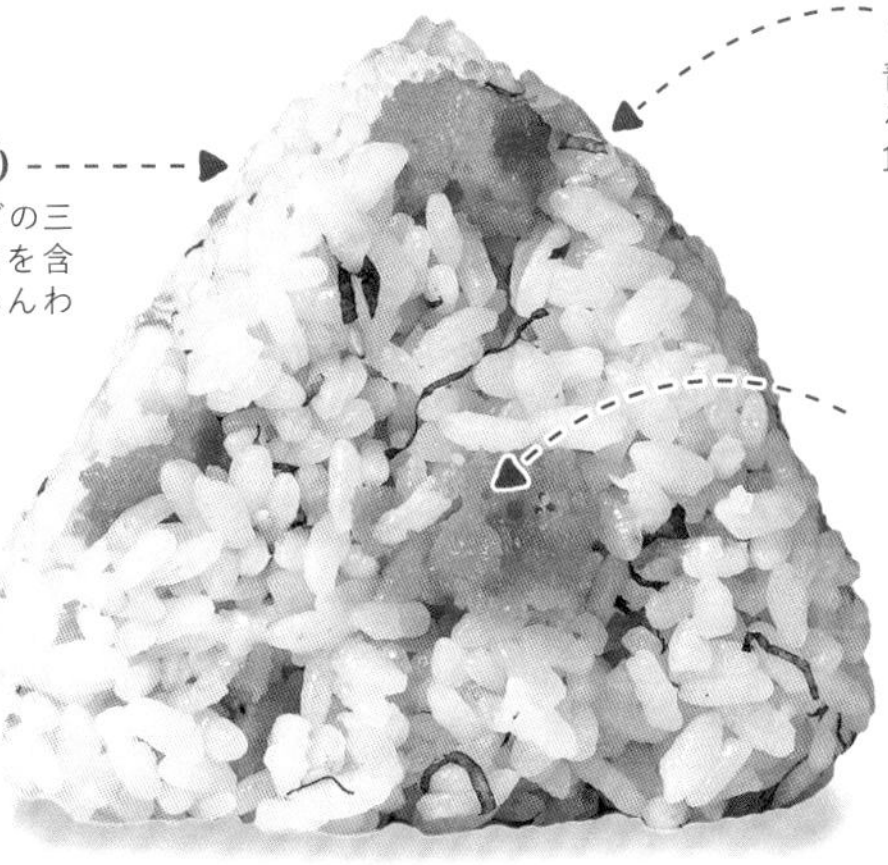

ご飯
青森県産の「つがるロマン」を使用。1 個 100g ほど

具
八戸で獲れたうにを塩漬けにしたもの、大葉のせん切り、白いりごまをご飯に混ぜる

うに

［W7.4×D3×H6.5cm］ テイクアウト価格 250 円

海の幸を炊き込み うま味がたっぷり！

八戸市の国立公園の種差《たねさし》海岸近くにある小さなおにぎり店。「ままかせ」とは「ご飯食べて行きなよ」というこの地方の方言から取って名付けられた。

この土地の名物のうにやほやなど、近海で獲れた海の幸を使った炊き込みご飯のおにぎりが評判だ。

いちばん人気の「うに」のおにぎりは、うにを塩漬けにした「塩うに」を使い、濃厚な風味がしっかりと感じられる逸品。塩漬けする時にうにから出てくる水分ごとご飯と一緒に炊き込んで風味を移していく。炊飯後は、白いりごまと大葉を加え、さらに釜底にできたおこげも一緒に混ぜ込んでいるのでおこげの香ばしさもプラスされる。「塩うに」は旬の時期に店で作られて保存されているため、塩うにがなくなると、次の夏までは販売されないという希少なおにぎりだ。

SHOP DATA

ままかせ亭《てい》

住 青森県八戸市鮫町遥望石 20-78
営 11:00 ～ 17:00（12 月～ 2 月は 16:00 まで。売り切れ次第終了）
休 火、金、年末年始
TEL 090-5838-2923
@mamakasetei
備 テイクアウトのみ

a. 店でいちばん人気は手まり筋子とあきあじ※が入った「ミックス」。次いで「紅鮭」、「手まり筋子」が人気　**b.** 具のボリュームもすごい。一つにつき、北海道産のあきあじを30～45gも入れている　**c.** 竹の皮をイメージしたパッケージに包まれて販売されている

海の恵みがたっぷりのジャンボなおにぎり

北海道で鮭などの水産加工品を販売している佐藤水産のおにぎりは、1個につきご飯を230〜250g使用している。茶碗で換算すると茶碗1.5杯強くらいのボリューム。中に具を入れて握ると、およそ幅12×奥行き6×高さ8cmほどで女性の握りこぶしよりも大きい見た目だ。

同社のロングセラー商品である「手まり筋子」を広めたいという思いから、おにぎりに入れて販売してみたところ、口コミで広がり人気商品となった。

食べてみると、米、具材、塩、のりのバランスが絶妙。「手まり筋子」は、ひと口大にカットしてから塩漬けし、塩味はかなりまろやかで塩辛い先入観は消えてしまった。岩塩など3種類の塩をブレンドして下味を付けたご飯はあっさりした味ながら奥行きが感じられ筋子との相性も良い。

SHOP DATA

佐藤《さとう》水産《すいさん》
サーモンファクトリー店

住 北海道石狩市新港東 1-54
営 9:30 ～ 17:00
（4 月～12 月は 17:30 まで）
休 元日
TEL 0133-62-4691
※製造元 シーフードレストラン
オールドリバー
URL www.sato-suisan.co.jp
備 テイクアウトのみ

おにぎり DATA

ミックス（手まり筋子＆あきあじ※）
［W11.7×D5.6×H8.1cm］
テイクアウト価格 580 円

形・握り
幅 12cm ほどの大きめの三角形。具が外にはみ出ないように握る

ご飯
あっさりとした食味が特徴の北海道旭川産「ほしのゆめ」を使用。1 個 230 ～ 250g ほど

のり
三陸産を使用。しっとりとしている

具
ひと口大にカットされた手まり筋子と粗ほぐしのあきあじ※

※あきあじ…秋に産卵のために生まれた川に戻ってきた鮭の総称。「秋鮭」と書いて「あきあじ」と読む。

地コンビニで見つけた！
北海道
札幌市
ご当地おにぎり認定！

セイコーマート

筋子の塩味は温めるとマイルドなうま味。ご飯に染みて、さらにおいしい

寒い日でなくともうれしい
あったかーい、おにぎり

北海道ならではの牧草地。おにぎりがおいしくなる景色だ

　北海道を中心に展開しているコンビニエンスストア、セイコーマート。その店内で作るあったかメニューを提供しているコーナー「ホットシェフ」で見つけたおにぎり2品。一年中温かいおにぎりがすぐ食べられるのは、とてもありがたい。人気メニューの「すじこ」は、北海道でなくともいまや定番の具材だが、こちらの筋子は粒揃いが良く、大ぶりのご飯に濃いめの塩味がしっかり効いている。ご飯が温かいから、具の味、ご飯の甘みがより感じられた。ご飯はしっかりと握られてずっしりめで、かなり食べごたえがある。買ってからレンジで温めるのではなく、最初から袋ごと温められて置いてあるので、のりもご飯になじんでいる。もう一品の「ベーコンおかか」は、おかかの風味の方が濃く、食べた後からほんのりベーコンの風味がくる。こちらも味はやはり濃いめだった。

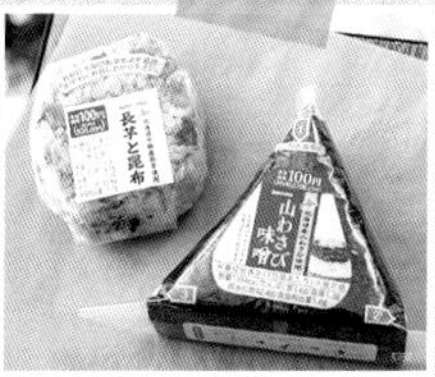

他にも北海道限定で販売されていたおにぎり２種。「山わさび味噌」、「長芋と昆布」。こちらは通常のコンビニに販売されているように陳列されていた

「ベーコンおかか」の具はこんな感じ。具の塩味は濃いめだが、ご飯の量とのバランスは良い

セイコーマート　URL www.seicomart.co.jp

KAMAKURA HOTEL
◀ 神奈川 ▶

コンシェルジュが握ってくれる!?

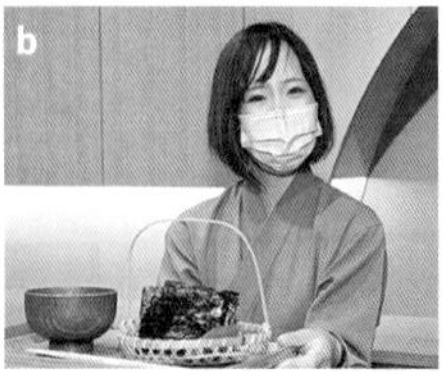

a. おにぎりは、「梅」、「かじきのほぐし煮」、「ちりめん山椒」の順に人気　b. コンシェルジュの森田さん「型崩れしないように角を意識して握ります」　c. 朝食メニューが書かれた紙。イラスト入りでどれを選ぶか迷ってしまう

朝食のおにぎりを目当てに宿泊したい

このホテルの宿泊客には、朝食券の代わりに手書きのおにぎりのメニューが渡される。季節のおにぎりの他、約6種類が書かれており、はじめにその中から食べたいおにぎり2つを選び、丸を付けて注文する。一部屋に一人、専用のコンシェルジュが付き、朝食には、オーダーしたおにぎりをコンシェルジュの握り立てで食べられる。おかわり自由なので、すべての種類を平らげる宿泊客もいるほどだ。

米は、炊く前に塩と昆布を入れて下味を付け、具材は、地産地消の食材をセレクト。のりは、食べた時の音と歯切れの良さを追求し、選ぶまでに何十種類も食べ比べをして決めた。こうしてスタッフ一丸となって研究し、素材と握り方にこだわり抜いた結果、宿泊客から高評価を頂くことができたのだという。

SHOP DATA

KAMAKURA《カマクラ》 HOTEL《ホテル》

住 神奈川県鎌倉市御成町 12-27
営 7:00 ～ 10:00
休 ―
TEL 0467-55-5380
URL kamakurahotel.jp
備 宿泊客の朝食のみ

おにぎり DATA

おにぎりの梅

［W9.5 (6) ×D3.5×H7 (6) cm］
価格は宿泊費に含まれる

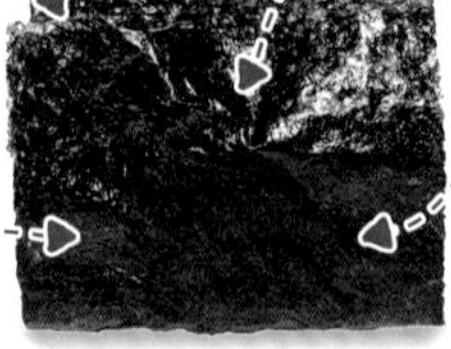

形・握り
幅 6cm の三角形。型を使って三角形にし、力を入れずに角だけ意識して握る

ご飯
神奈川県産「はるみ米」を使用。塩と昆布を入れて炊く。1 個 80g ほど

のり
有明海産を使用。味と香り、食べた時の音と歯切れの良さを重視

具
鎌倉で有名な漬物屋から仕入れた梅干し。ご飯の中に入れる。1 個 5 g ほど

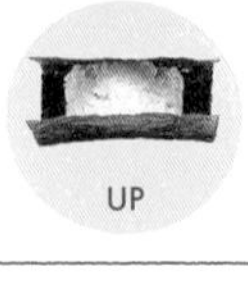
UP

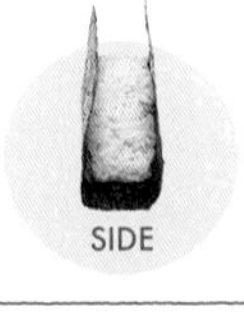
SIDE

おにぎり屋 丸豊

◀ 東京 ▶

a. 店で人気のベスト3は、「鮭ハラス」、「筋子」、半熟玉子が丸ごと入った「ばくだん」 **b.** 陳列されたおにぎりはすぐになくなるので随時追加される **c.** 店長の矢口さんのおすすめは、天かす、ねぎ、おかかの入った「たぬき」

市場関係者の腹を満たす 大きなおにぎり

築地市場跡地の場外の人気おにぎり店。近隣の店舗関係者や国内外の観光客、または、差し入れに大量に買っていく人がひっきりなしに訪れ、常に人だかりができている。もともとは市場で働く人が仕事の合間に片手で食べられ、満腹感あるものをと考えられたおにぎりだ。

水産会社が運営しているため、海鮮系の具材が豊富でクオリティーも高い。例えば具の鮭は、甘口、辛口、鮭ハラスなど、部位や味付けなどが細かく用意してあり魚好きにはたまらないラインナップ。おにぎりは、ふっくらやわらかめに炊かれた新潟県産の「コシヒカリ」の中に具材がたっぷり。ご飯は優しく握り、ラップに包む際に三角形に整えている。こうすることで時間が経ってもほどけるような食感を保つことができるという。

SHOP DATA

おにぎり屋《や》 丸豊《まるとよ》

住 東京都中央区築地 4-9-9 築地場外
営 5:00 ～ 15:00（売り切れ次第終了）
休 日、祝、市場休市日
TEL 03-3541-6010
備 テイクアウトのみ

おにぎり DATA

鮭ハラス
[W9.7×D5×H8.8cm]
テイクアウト価格 259 円

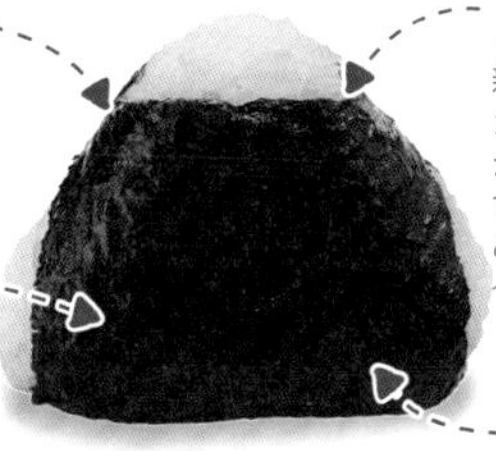

形・握り
幅 10cm ほどの丸みのある三角形。型は使わず手で握る

ご飯
新潟県産の「コシヒカリ」を使用。時間が経ってもふっくらするようにやわらかめに炊く。1 個 150 ～ 160 g ほど

具
切り身の鮭ハラスをご飯の中に入れている

のり
有明海産などを使用。その時期に香りの良いのりをセレクト

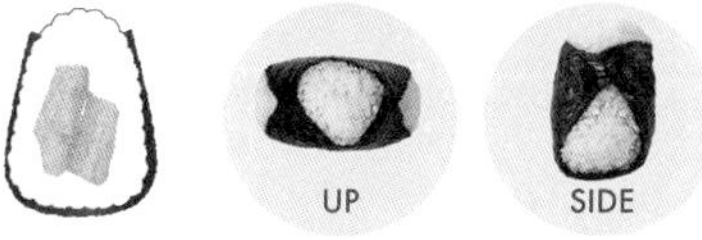

かにや
銅座本店
◀ 長崎 ▶

程よい塩味でふわわふわ！

a. 人気ベスト3は「塩さば」、「天かす」、「高菜」　**b.** 店長の松本孝平さん。木型を使い、スピーディーに握っていく。「単純な作業に見えますが、一人前の職人になるには2～3年はかかります」　**c.** 店内はカウンター席、テーブル席、座敷席の60席。平日でもかなりにぎわっている

飲みながら食べる長崎のソウルフード

長崎の歓楽街・思案橋《しあんばし》にある1965(昭和40)年創業の老舗おにぎり店。今も創業当時から使用している木型を使い、ご飯少なめで具がたっぷりと入ったおにぎりを慣れた手つきで握る。大人の男性なら数口で食べきれるサイズ感だ。

具材は全29種類もあり、いろいろな味を試しながら数個は食べることができる。また、甘辛く味付けされた「天かす」や粕漬けのうにの「くらげうに」など、他の地域ではあまり見かけない具材もあり、どれを頼もうか悩んでしまう。

店でいちばん人気の「塩さば」は、脂ののった鯖を焼き、丁寧にほぐす下ごしらえをしたもの。食べてみるとふわふわのご飯効果で、鯖のほぐし身をよりしっかりと感じた。酒のつまみになるのも納得できる。

SHOP DATA

かにや銅座本店《どうざほんてん》

住 長崎県長崎市銅座町 10-2
営 18:00 ～ 3:00
休 日（祝日は不定休）
TEL 095-823-4232
URL www.kaniya.org
備 イートイン、テイクアウト可

おにぎり DATA

塩さば
［W7.2×D3.3×H5.9cm］
イートイン価格・テイクアウト価格ともに180円

形・握り
幅7cmほどの三角形。型を使い優しく握る

ご飯
新潟県産の「コシヒカリ」を使用。1個80gほど。やわらかめに炊く

のり
有明海産を使用。厚みは中間のものをセレクト

具
手でほぐした焼き鯖。ご飯の中に入れておにぎりの上にものせる

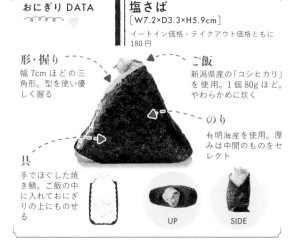

朝から買いたい
スパイシー&ボリューミー！

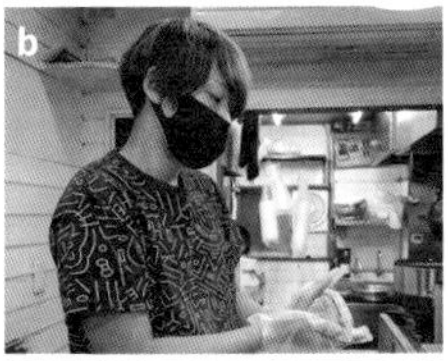

a. 人気ナンバーワンは具だくさんの「豚カレーおにぎり」、2位は「焼きおにぎり」、3位はハム、玉子、マヨネーズが入った「カレーサンド」 **b.** 店長の藤田賢さん。手でしっかり握る **c.** 朝、たくさんあったおにぎりも取材中に売れ、あっという間に売り切れてしまった

おにぎり丸ごとで カレーライスを感じる

このカレー専門店が作るおにぎりのご飯は、クミン、ターメリック、カルダモンなど25種類ほどのスパイスを独自にブレンドし炊き込んだもの。ドライカレーのような味わいだ。

「カレーをもっと手軽に味わってほしい」という思いから朝、店舗の入り口付近でおにぎりを販売することにしたところ、駅まで1分という好立地の条件も揃い、朝は通勤途中のサラリーマンや学生などでにぎわい、午後までには売り切れてしまう繁盛ぶり。

いちばん人気の「豚カレーおにぎり」は、男女ともに評判が良く、50g以上の煮豚の存在感が半端ないボリューム。さらに中にも豚肉のしぐれ煮が入っているので形が崩れたり、中の具が出てこないように、しっかり力を込めて握ってある。

SHOP DATA

東印《ひがしいん》度《ど》咖《か》喱《れー》商《しょう》会《かい》

住 東京都品川区西五反田
4-32-15 石井ビル１F
営 7:00 ～売り切れ次第終了
休 不定休
TEL 03-3495-4474
@higashi_curry_fudomae
備 おにぎりはテイクアウトのみ

おにぎり DATA

豚カレーおにぎり
［W6.4×D6.6×H6.9cm］
テイクアウト価格 250 円

形・握り
幅 6 cm ほどの三角形。中に入れるしぐれ煮が出てこないようにしっかり握る

ご飯
宮城県産の「ひとめぼれ」を使用。25 種類をブレンドしたオリジナルスパイスを入れて炊き込む。1 個 100g ほど

具

グリルで焼いた煮豚としぐれ煮。しぐれ煮をご飯の中に入れておにぎりに煮豚をのせる

のり
築地市場でその時期に良いものを仕入れている

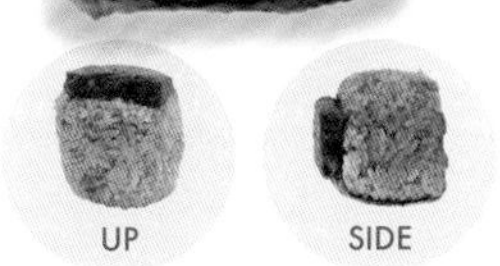

道の駅などで見つけた！おにぎり認定！
千葉県

道の駅木更津《きさらづ》うまくたの里／富楽里《ふらり》とみやま

道の駅「うまくたの里」では「さんが焼きおにぎりサンド」の予約が可能だ

千葉県房総の海の幸を おにぎりでいただく

外房の鴨川の海を見ながら、２種類のご当地おにぎりを堪能した

さんが焼きとは房総半島沿岸部の郷土料理でアジ、イワシなどの魚を薬味、味噌と一緒にたたいてミンチ状にして焼いたものだ。焼いてないのが「なめろう」と呼ばれている。つくねやハンバーグに近い食感と思えば分かりやすいだろう。このさんが焼きをご飯でサンドした、「さんが焼きおにぎりサンド」が大ぶりでなかなかおいしい。酸味が弱めの酢飯で、薄く味付けしたさんが焼きに大葉がアクセント、しかし、なぜか生キャベツのせん切りがたっぷり入っている。惣菜パン、あるいはバーガー的なものかと思ったら、シャキシャキ感が意外にマッチしてぺろっといただけた。もう一つは、別の道の駅「富楽里とみやま」で見つけた金目鯛の煮付けの炊き込みご飯のおにぎり。味付けは煮付けそのもので濃いめだが、金目鯛の身がぎっしり入っているのには驚いた。

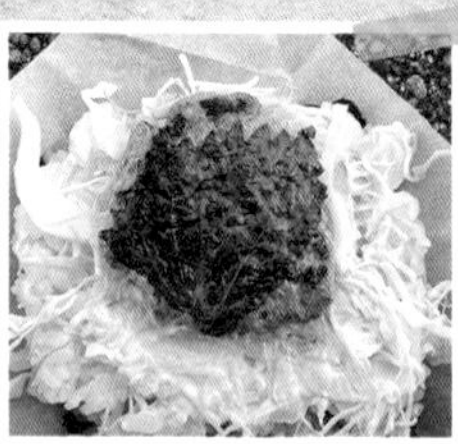

見よ、せん切りキャベツの量。これがまたうまい！

入荷数は多めだが土日祝日は売り切れ必至なので予約すると良いだろう

道の駅木更津うまくたの里 URL chiba-kisarazu.com
道の駅富楽里とみやま URL www.furaritomiyama.jp

おにぎりの具材
―混ぜ込みの具―

ご飯に混ぜ合わせるのにぴったりな、
彩り豊かな具材の数々をご覧ください。

プロセスチーズ
子供に人気のある具材。1cmほどの角切りにして混ぜ合わせることが多い

大葉
主に、せん切りやみじん切りにして混ぜ合わせる。爽やかな香りが持ち味

天かす
コクとうま味がプラスされ、満足度もアップ。「たぬきおにぎり」とも言う

ごま
いりごまとすりごま、どちらも合う。香ばしい風味で上品な仕上がりに

しらす
魚介の風味がありながらも癖はないので、他の具材とも調和しやすい

枝豆
茹でた枝豆を入れると、彩り良く仕上がる。冷凍枝豆は忙しい朝にも便利

青のり
磯の香りが食欲をそそる。彩りのアクセントにもなるため、使い勝手が良い

塩昆布
手軽にうま味と塩味をプラスできる。酒の〆に食べるおにぎりにもぴったり

混ぜ込み用ふりかけが人気
「ゆかり」や「混ぜ込みわかめ」など、市販のふりかけを混ぜ込んで作るおにぎりは、家庭料理の定番。味のバリエーションも豊富な、庶民の味方

混ぜ込みわかめ
＜若菜＞
（丸美屋食品）

ゆかり
（三島食品）

肉そぼろ
常備菜の定番・甘辛い肉そぼろは、食べごたえ＆満足感が高いおにぎりに

青菜
大根菜やかぶの葉を茹でたり炒めたり、調理してから使う

数種の具材を合わせれば
彩りも風味も豊かに仕上がる

混ぜ込みおにぎりの利点は、なんといっても手軽に作れることです。炊いたご飯に具材を入れて混ぜ合わせたら、あとは握るだけで完成。梅で赤を、枝豆で緑、白ごまで黄金色と、カラフルに仕上げられるのもポイント。お花見やピクニックなどに持って行っても見栄えが良く、行楽気分を盛り上げます。

大葉、ごま、青のりなどは、風味付けに使われることが多く、しらす、塩昆布、プロセスチーズ、天かすなどは、味と食感がアクセントになる具材です。また、枝豆、青菜、肉そぼろなどを混ぜ込めば、ボリューム感のあるおにぎりを作ることができます。

混ぜ込みおにぎりでは、一つの具材だけで作るより、数種の具材を合わせ、香りも彩りも豊かに仕上げることが多いようです。和と洋の具材が驚くほど調和することもあります。組み合わせの妙を楽しんでください。

おにぎりの具材
―包む&のせる具―

ご飯の中に包む具材はバラエティーに富んでいます。
３つのタイプ別に、主な具材をご紹介します。

定番系

おかか
醤油と合わせるのが定番。主役にも脇役にもなる使い勝手の良さが魅力

鮭
焼き鮭の切り身をそのまま入れるか、ほぐして入れるかで好みが分かれる

梅干し
やわらかい梅かカリカリ梅か、甘めかしょっぱめかにより味わいが変わる

ツナマヨ
老若男女が好きな優しい味。一味や七味を入れて大人風味にすることも

高菜
高菜漬けや、油で炒めた辛子高菜などを使う。ピリッとした辛みが特徴

昆布
昆布の佃煮は素朴な味が魅力。「おにぎり昆布」として売られているものも

明太子・たらこ
プチプチの食感が楽しい具材。マヨネーズやチーズなど洋風具材とも合う

定番から変わり種の具材まで進化し続けるおにぎりの世界

具材をご飯で包み込んだおにぎりは、食べ進めることで初めて具材に到達できるワクワク感も楽しみの一つ。その逆に、具材をのせるタイプのおにぎりは、一目で何の具材が入っているのか分かる点がメリットです。

本書では、おにぎりを定番系、ローカル系、ニューウェーブ系の3タイプに分けています。定番系の具材では、梅干し、鮭、おかか、昆布など、古くから日本人の食生活を支えてきた具材が並びます。一方で、40年ほど前におにぎりの具として初登場したツナマヨや、当初は地方色の強かった明太子やたらこも、今や全国区になり、定番具材の仲間入りを果たしました。

ローカル系は、名古屋の「天むす」、沖縄の「ポーク玉子おにぎり」が有名です。また土地土地の名産品を具材にしたおにぎりも人気が高く、北海道や東北の筋子やいくら、秋田のいぶりがっこ、京都のちりめん山椒などがその筆頭に挙げられます。

最後のニューウェーブ系とは、コンビニエンスストアなどで見られる新しい具材のこと。クリームチーズやベーコンといった洋風の具材から、キムチやチャーシュー、サフランライスにキーマカレーを入れたものなど異国情緒あふれるおにぎりも登場。煮玉子やから揚げなど、ボリューム満点のおかずを詰め込んだ、ガッツリ系おにぎりも人気です。

おにぎりの可能性は無限大。ローカル系やニューウェーブ系から、新たな定番具材が誕生する可能性も大いにあるのです。

ローカル系

筋子・いくら

北海道・東北の定番。濃厚なうま味とねっとりした舌触りが病み付きに

天ぷら

えびの天ぷらを入れた、名古屋の「天むす」が有名。天つゆだれも美味

鯖

長崎では塩鯖のおにぎりが人気。福井には鯖のへしこを入れたおにぎりも

いぶりがっこ

秋田の漬物・いぶりがっこを刻んで入れたおにぎりは、燻製の香りが独特

スパム

沖縄で愛されている「ポーク玉子おにぎり」は分厚いスパムが味の決め手

ちりめん山椒

京都の風土から生まれた、ちりめん山椒を使えば上品な香りのおにぎりに

ニューウェーブ系

クリームチーズ

濃厚な味わいながら、おかかや鮭を筆頭に、多様な具材と調和する

煮玉子

味付き玉子１個を丸ごと入れればボリューム満点のガッツリ系おにぎりに

卵黄の醤油漬け

濃厚な卵黄を味わう贅沢なおにぎり。冷凍した卵を漬ける方法もある

から揚げ

ご飯に衣がなじむことで独特の食感が生まれる。うま味も強い

豚キムチ

うま辛のパワフル系おにぎり。こってりした味でご飯によく合う

定番＆進化をしている市販の瓶詰

スーパーマーケットなどの販売店に並ぶ瓶詰食品は、おにぎりの具材としても最適。定番の鮭フレークの他に最近はツナマヨの瓶詰なども販売されている。なめ茸、大葉味噌、牛しぐれ、食べるラー油のほか、うにやいくらなどの贅沢な逸品をお取り寄せするのも良いだろう

のっけるふりかけ
＜和風ツナマヨ＞
（丸美屋食品）

焼さけあらほぐし
（ニッスイ）

具材の組み合わせも人気

クリームチーズ × いぶりがっこ

酒の肴として定番の組み合わせは、おにぎりにしてもおいしく仕上がる。どちらも発酵食品なので、味の相性が良い

鮭 × すじこ

鮭とその卵を合わせた「親子にぎり」。白米はもちろん、酢飯で作るのもおすすめ。秋鮭で作れば最高の一品に

おかか × プロセスチーズ

おかかの風味にチーズのコクが加わり、おいしさアップ。イノシン酸×グルタミン酸による、うま味の相乗効果も

梅干し・鮭が市民権を得た理由

コンビニのおにぎりが陳列された棚を見ても分かるとおり、おにぎりの具として不動の人気を誇る梅干しと鮭。人気の理由を歴史から紐解きます。

古来、日本人が愛してきた貴重な食材

昭和レトロな日の丸弁当。梅干しは疲労回復のほか、殺菌・解毒効果も

おにぎりの具材の代表格と言えば、梅干しと鮭です。どちらも日本人の食生活に欠かせない食材として、古くから愛されてきました。

梅干しには抗菌作用もあり、疲労回復・塩分補給もできるため、携帯食であるおにぎりや弁当に重用されてきました。戦国時代には戦の時に食べる陣中食としても活用されたといいます。

一方、鮭は生まれた川に海から戻る回帰性があるため漁獲しやすく、古くから貴重な栄養源でした。癖がなく美味で、平安時代には朝廷への貢ぎ物として鮭が献上された記録も残っています。梅干しと鮭はどちらも美しい紅色をしていますが、その色合いも、食事の彩りを大切にする日本人に好まれる理由の一つかもしれません。

保存がきく塩鮭は、現在も家庭料理の定番食材として親しまれている

昭和に入ると、梅干しは健康食ブームによって価値が見直され、その地位は確かなものになりました。また鮭は、保存・冷凍、加工技術の発達により、一段と身近な存在に。瓶詰の鮭フレークが常備してあるという家庭も多いのではないでしょうか。

こうして梅干しと鮭は一般に広く普及し、おにぎりの具の二大巨頭として君臨するようになったのです。

のりを巻いたおにぎりに、赤い梅干しと淡紅色の鮭がよく映える

フリーズドライ技術のおかげで わかめが普及した理由

簡単に作れるわかめおにぎりは、家庭で握るおにぎりの代表格です。わかめおにぎりが普及した背景には、どんな理由があるのでしょうか。

養殖が普及し 保存技術も向上

梅干しや鮭に続く、おにぎりの定番具材がわかめです。わかめも梅干しや鮭と同様に古くから日本人に親しまれてきた食材ですが、今のように家庭で手軽に味わえるようになったのは、それほど昔のことではありません。

かつては海に生育する天然わかめを採っていましたが、1957（昭和32）年に東北地方で養殖方法が確立され、その方法が全国的に普及し、わかめの生産量が増大します。1965（昭和40）年には、湯通ししたわかめに塩をまぶして保存する、塩蔵わかめの技術が開発されます。これにより、色鮮やかで生わかめに近い食感を楽しめるようになりました。現在、一般に普及している「カットわかめ」も、塩蔵わかめを乾燥させたものです。

そして、わかめおにぎりが普及するきっかけとなるのが、1970（昭和

湯通ししたわかめ。もとは褐色だが、湯通しにより鮮やかな緑色になる

乾燥「カットわかめ」の登場で、家庭でのわかめの使用頻度は一気に高まった

45）年に発売された三島食品の「炊き込みわかめ」の存在。温かいご飯に混ぜるだけで、炊き込んだわかめご飯のように仕上がるというもので、その当時は画期的な商品でした。

　当初は業務用として販売されていましたが、その手軽さがうけ、四国の一部の学校給食に採用されることになります。すると、児童たちの間で人気になり、一気に全国に広がっていったのです。

右から「炊き込みわかめ」（三島食品）、「おむすび山」（ミツカン）、「混ぜ込みわかめ」（丸美屋食品）。どれも温かいご飯に混ぜるだけで、簡単にわかめご飯を作ることができる。冷めてもおいしく、おにぎりに打ってつけ

家庭で作るおにぎりの代表格へ躍り出る

「炊き込みわかめ」のヒットにより、他社もわかめ関連商品を開発。そして、1982（昭和57）年に登場したのが、ミツカンの「おむすび山」です。ネーミングのとおり、混ぜるだけで簡単にわかめと鮭が入ったおにぎりを作れる商品で、そのおいしさから大ヒット。1988（昭和63）年には丸美屋食品が「混ぜ込みわかめ」を発売し、その後も各メーカーが参入しました。これにより、わかめを混ぜ込んで握るおにぎりが一気に浸透。コンビニでも、わかめを混ぜ込んだおにぎりが並ぶようになり、具材を包み込むおにぎりだけでなく、混ぜ込み系のおにぎりが広まっていきました。

わかめおにぎりは、彩りと食感の良さが魅力。家庭で簡単にわかめご飯を作れるようになったことが、混ぜ込みタイプのおにぎりが一般化したきっかけ

　わかめおにぎりが定番化した理由には、第一にわかめの養殖、保存・加工技術の発達が挙げられます。それに加え、低カロリーで食物繊維や、カルシウム、マグネシウムなどミネラルを含み栄養的に優れている点も重要でした。学校給食にも採用されたように、もともと日本人には、海藻は体に良いという意識があります。子供に栄養のあるものを食べさせたいという親心もその一因かもしれません。

温かいご飯に混ぜて握れば、パパッとおにぎりを作ることができる手軽さは、朝、お弁当を作る時に便利以外のなにものでもない

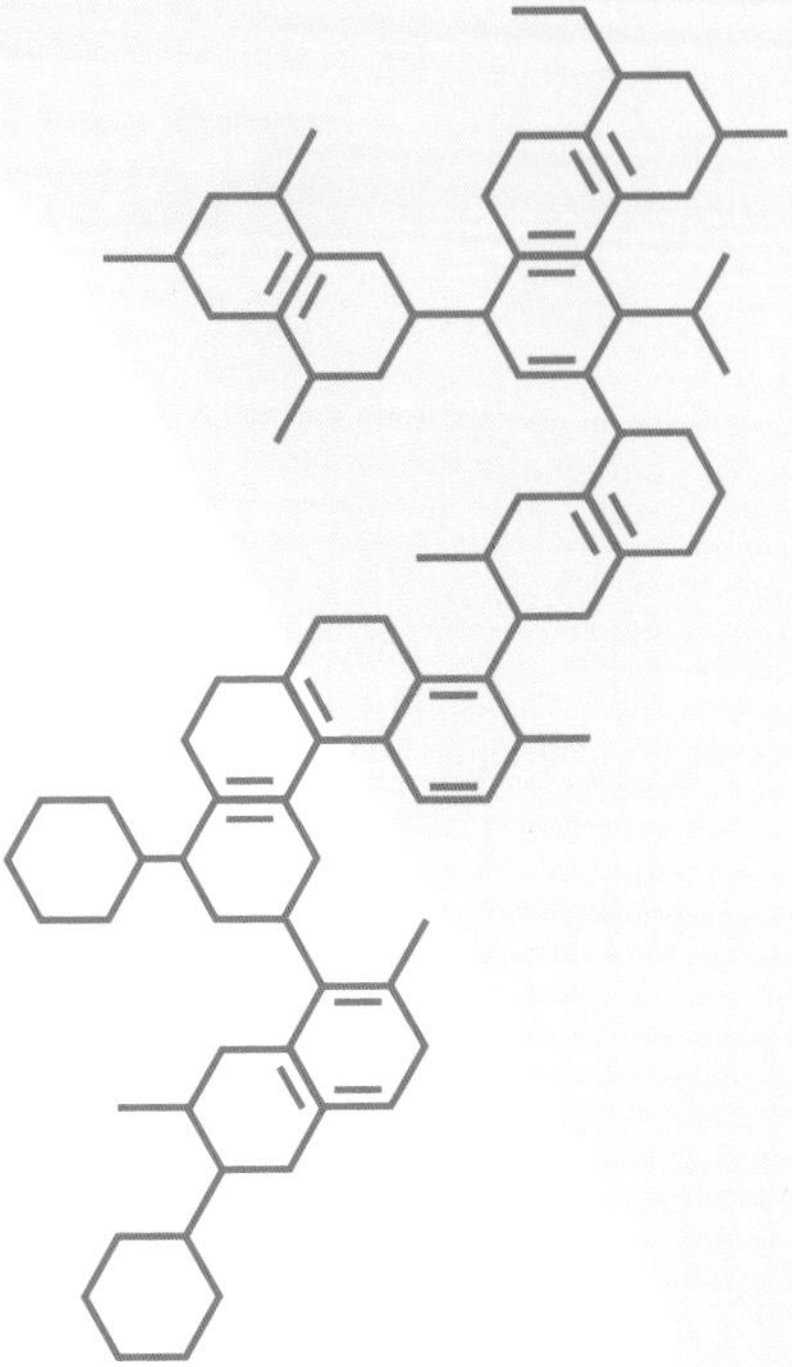

おにぎりの科学

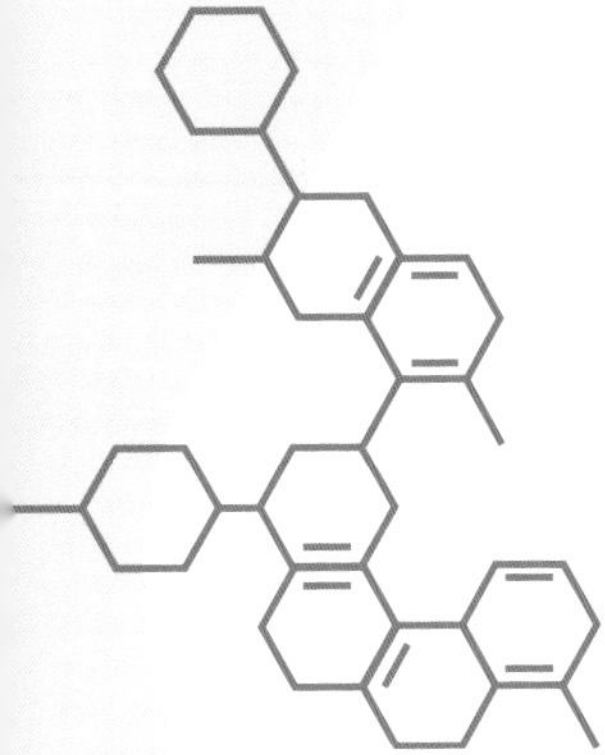

おにぎりには、どんな米、塩が合うのか？
炊き方などに工夫が必要なのか？
最新おにぎりロボットの実力は？など、さまざまな分野の
プロに話を聞いて家庭で作れるおいしいおにぎりを学びます。

おにぎり作りに適した米選び

小池精米店の三代目で
五ツ星お米マイスターの小池理雄さんに、
おにぎりに適したお米の選び方のコツを伺いました。

粒立ちと粘り、ほぐれる速度に注目

おにぎりに適した米を教えてほしいと尋ねると「それは、どんなおにぎりを求めるかによって変わりますね」と小池さんは苦笑します。例えば、頬張った時に口の中でほぐれるおにぎりか、外出先で食べやすいまとまり感のあるおにぎりか、それにより合う米は変わるそう。

「前者は粒立ちの良い新潟の〈新之助〉や高知・長崎の〈にこまる〉が、後者は粘りのある、会津の〈コシヒカリ〉や北海道の〈ゆめぴりか〉など、もっちり系の米がおすすめ。両者の中間にあるのが〈つや姫〉です」

また具材と米との相性もあります。おにぎりは口内調味が前提のため、咀嚼した時に具材と米が同時に口中に存在することが重要だと続けます。

「鮭や鶏肉など固形の具材ならお米の粘りはやや強い方が、いくらや佃煮などやわらかい具材ならお米はほぐれやすい方が、口の中でうまく絡みます。また味の濃い具材には、それに負けないうま味や甘みの強い米が最適です」

お客様から「冷めてもおいしい米はどれか？」とよく質問されるそうですが、品質の良い米は総じて冷めてもおいしく、冷めた時に味が落ちるのであれば、質が良くない証拠。

「おにぎりには、できる限り高品質の米を使ってほしいです」

おいしいおにぎり作りのために品質の良い米を求めるなら、農家の環境まで把握している米の専門家のいる米屋や百貨店などで購入するのが良いでしょう。

五ツ星お米マイスター小池さんが選ぶ

おにぎりに合うお米5選！

一般に流通する手に入りやすい品種から厳選。
それぞれの米におすすめの具材も紹介しています。

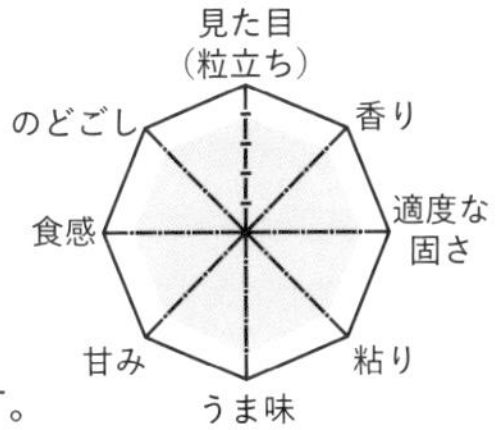

データの見方

小池さん独自の目線で、米を「見た目（粒立ち）」「香り」「適度な固さ」「粘り」「うま味」「甘み」「食感」「のどごし」という８つのカテゴリーに分け、それぞれ５段階で評価し算出しています

山形県産

つや姫

粒立ちが良く、適度な粘りも兼ね備えた万能な米。おにぎりにした時に、口の中で米の一粒一粒がほぐれる食感を楽しみながら、全体のまとまり感や食べごたえの良さも味わうことができる。うま味と甘みもしっかりあり、どんな具材も受け止められる包容力の高さが特徴

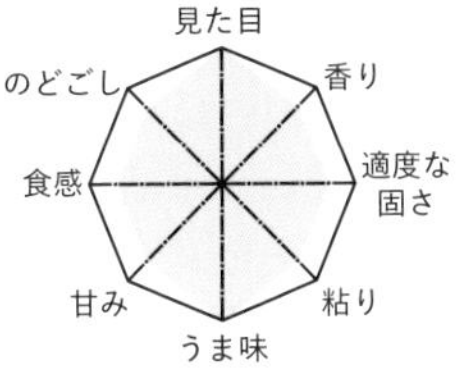

［おすすめの具材］鮭の切り身

福島県会津産

コシヒカリ

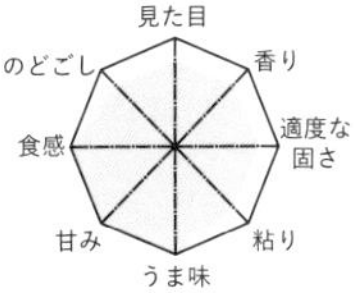

コシヒカリの特徴は粘りの強さと食べごたえの良さだが、会津産のコシヒカリはそれに加え粒感もある。そのため、おにぎりとしてのまとまりから、ぱらぱら粒がほどける食感の変化を楽しめる

［おすすめの具材］梅干し

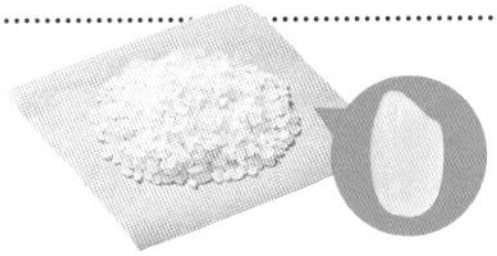

新潟県産

新之助

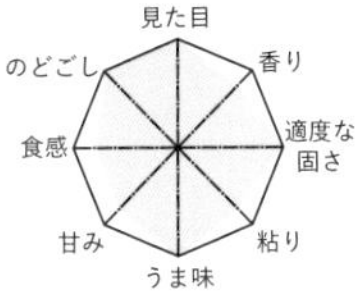

粒がしっかりと立っていて、噛んだ時に粒から飛び出してくる豊かなうま味が強烈。甘みが長続きするのも特徴で、味の濃い具材と合わせても、その味に負けない力強さを持っている

［おすすめの具材］肉そぼろ

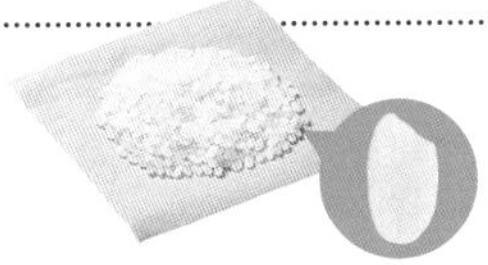

高知県産
長崎県産

にこまる

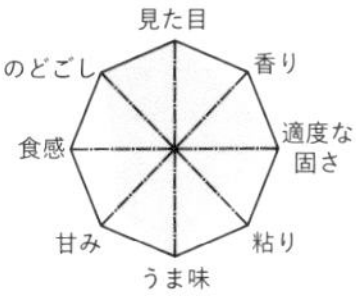

粒立ちが良く、歯を跳ね返さんばかりの弾力がある。噛んだ時に広がる、デンプンの甘み・うま味も強い。飲み込んだ後の余韻まで楽しめる米。食感の強い具材と合わせるのもおもしろい

［おすすめの具材］明太子

北海道産

ゆめぴりか

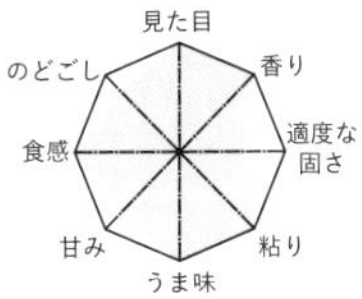

もっちりとした食感で、口全体にふんわりと甘みが広がる。そのため佃煮や明太子など塩味の強い具材を合わせてもうまく調和してくれる。粘りに加えて粒感もあり、幅広い具材に合う

［おすすめの具材］のりの佃煮

お話を伺った人

小《こ》池《いけ》理《ただ》雄《お》さん

五ツ星お米マイスター。創業90年余、原宿で唯一の米屋・小池精米店の三代目。大学卒業後、出版社勤務を経て家業を継ぎ、お米の楽しさを広めるために活動中

まとめ

- ▶口の中でほぐれるおにぎりが好みなら、**粒立ちの良い米をセレクトする**
- ▶外出先で食べる、まとまり感のあるおにぎりには、**粘りのあるもっちり系の米が合う**
- ▶具材の形や味の濃淡に合った米を選ぶことで、**互いがうまく絡み合い最高の味わいに**
- ▶冷めてもおいしい高品質の米を探すなら、**専門家がいる米屋や百貨店で購入するのが近道**

おにぎりに適した炊飯の方法

約10年にわたり炊飯ジャーの開発を行った後、
おにぎり店「象印銀白おにぎり」の
立ち上げ・運営に携わる、象印マホービンの
徳岡卓真さんがすすめる炊飯のコツとは。

優しく洗って 糠《ぬか》と汚れだけを落とす

「私たちが考える理想の炊き上がりは、ご飯一粒一粒のもっちり感と、おにぎりが口の中で程よくほぐれるふんわり感の両立です」と徳岡さん。もっちり感が強くなると米がほぐれにくくなるため、その塩梅が難しいそう。「通常炊飯のご飯より少しやわらかめの仕上がりで、粘りをやや弱めに設定して炊く」のが良いと言います。

炊飯のコツは、①正しく計量する、②やさしく洗う、③炊き上がりと同時にほぐす、の3点。「計量する時は、計量カップに米を山盛りすくい、すりきり棒で平らにします。正確な量り方をしないと、1合（約150g）で5〜10g程度の誤差が生じることもあるため、正確さを求めるなら、量りできっちり計量するのも手ですね」

精米技術が発達した現在の米は、糠が少なく繊細。優しく洗って、表面に付着した余分な汚れだけを落とすのがコツ。ボウルに溜めた水を使って洗米すると、蛇口から水が溜まるまでの間に汚れを含んだ水が米に吸水されるのを防げるのだとか。

ご飯は炊き上がりと同時にほぐすのが定石。余分な水分が飛んで、全体がムラなくふっくらと仕上がるそうです。

炊き上がったら
すぐにほぐす

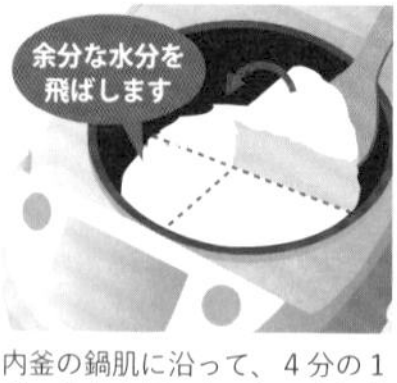

内釜の鍋肌に沿って、4分の1ずつ大きく起こす。しゃもじを立てて、かたまりを切るよう手早くほぐすのがポイント

炊飯のプロ・象印に聞く！

米の洗い方と水加減のコツ

優しく洗うとご飯はびっくりするほどおいしく炊けます。Ⓐ・Ⓒは2セット、Ⓑは4合未満なら2セット、4合以上8合未満は3セット繰り返します。これを10分以内に行いましょう。

洗い方 （5合炊き炊飯器を使う場合）

Ⓐすすぐ

あらかじめボウルに溜めておいた、たっぷりの水を米を入れた炊飯器の内釜へ素早く流し入れる

指を立て大きく2～3回、手早くかき混ぜる。手のひらで押し付けるのはNG

水を素早く捨てる。最初の水は米に吸収されやすく、糠臭が付いてしまうので特に注意が必要。2セット繰り返す

Ⓑ洗う

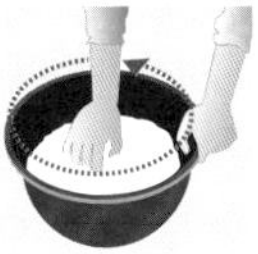

指を立てシャカシャカと30回（約15秒）かき混ぜる。内釜の鍋肌に沿って混ぜるのがコツ

たっぷりの水をサッと内釜に流し入れ、2～3回大きくかき混ぜたら素早く水を捨てる

4合未満は2セット、4合以上は3セット繰り返す

Ⓒすすぐ

汚れを完全に除去するため、ボウルに水をたっぷり溜め、再び内釜に流し入れる

指を立て大きく2～3回、手早くかき混ぜる

水を素早く捨てる。ここで水を素早く捨てないと、Ⓑ洗うで落ちた汚れが米に吸収されてしまう。2セット繰り返す

水加減

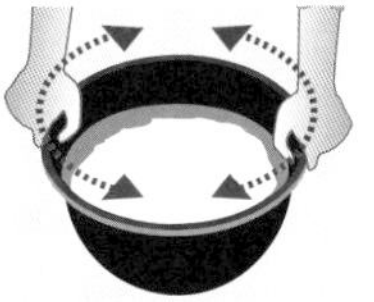

平らな場所で内釜の水位線を見て水量を調節。内釜を回転させると米が中央に集まるので内釜を左右に揺らして米を水平にする

吸水

炊飯器では吸水も炊飯工程に含まれるので、そのままスイッチオン。炊飯時間の3分の1程度が吸水に割かれている

おにぎりにおすすめの炊飯器！

「象印銀白おにぎり」で使用している「炎舞炊き」シリーズの最新機種は、121通りの炊き方ができる機能「わが家炊き」を搭載。「炊き分けセレクト」では、おにぎりにおすすめのかたさ「軟」、粘り「弱1」の設定ができる

お話を伺った人

徳《とく》岡《おか》卓《たく》真《ま》さん

象印マホービン株式会社経営企画部 事業推進グループ。「南部鉄器 極め羽釜」「炎舞炊き」などの開発担当を経て、2020年より「象印銀白おにぎり」の立ち上げと運営に携わる

まとめ

▶ おにぎりに合う炊き上がりは、
もっちり感とふんわり感の両立を目指す

▶ **米を正確に計量するため、すりきり棒は必須**
量りで計量するのも一つの手

▶ すすぐ→洗う→すすぐの3工程で、
優しく洗いながら、糠や汚れをしっかり落とす

▶ **炊き上がりと同時にほぐすと、**
ふっくらとしたおいしいご飯に仕上がる

おにぎりに合う塩の選び方

おにぎりにとって塩は、欠かすことのできない存在。
米や具材の特徴を際立たせ、全体をまとめ上げてくれます。
ソルトコーディネーターの青山志穂さんに、
米と塩のマリアージュのポイントをお聞きしました。

結晶の大きさと塩分相当量がポイント

国内だけで約4000種もの塩が流通し、その味は多種多様。ソルトコーディネーターの青山さんは「米や具材の特徴に合わせた塩を選ぶことでマリアージュが生まれ、三者の良さが際立ちます」と語ります。

基本のポイントは塩分相当量の低いまろやかな塩を選ぶこと。塩味が強すぎるとご飯が負けてしまうからです。米に似た甘みを持つ種類だと失敗がないそう。もう一つ重要なのが、結晶の大きさ。結晶が直径1㎜を超える塩はジャリッとした食感が残ってしまいます。

「握り立てを食べる温かいおにぎりは、塩がなじむまでの時間が短いため、結晶の細かさが特に大切。冷めてから食べるなら、やや粒感があっても時間の経過でなじんでくれます。ただ、冷たい食べ物は塩味を感じやすいため、よりまろやかな塩だとバランスよく調和します」

シンプルな塩むすびの場合、塩分量の目安はお米の重量に対し0.5～0.9％。0.9％は、真夏で汗をかく日や運動する日の量のイメージです。具材の塩分に合わせ、ここから割合を下げていきます。「塩は一度ふったら後から塩味を引くことはできないので、薄めに仕上げるのが鉄則」と青山さん。そこで提案したいのが追い塩。薄めに握り、しょっぱさが足りないと感じたら、おにぎりに塩をぱらぱらとふりかけます。複数の塩を用意して、途中で味変を楽しむのもおすすめだそうです。

ソルトコーディネーター青山さんが選ぶ

おにぎりに合う塩5選！

青山さんが選んだおにぎりに合う塩は、
海水塩、岩塩、湖塩、藻塩とバラエティ豊か。

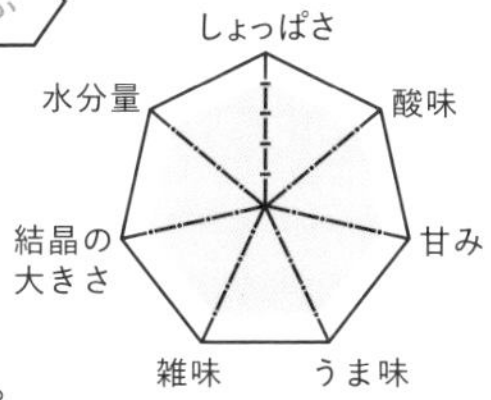

データの見方

青山さん独自の目線で、塩を「しょっぱさ」「酸味」「甘み」「うま味」「雑味」「結晶の大きさ」「水分量」という7つのカテゴリーに分け、それぞれ5段階で評価し算出しています。

※水分量の数値は、大きいほど水分が多く、しっとりしていて米となじみやすい

赤穂《あこう》の天塩《あましお》

庶民の味方の万能ソルト。温かいまま食べるおにぎりにも、冷めてから食べるおにぎりにも合う。味のバランスが非常に良いので、どんな具材とも好相性。コストパフォーマンスも良く、気兼ねなく使えるのも魅力。しっとりタイプなので、ご飯になじみやすい

［おすすめの具材］
甘塩の鮭

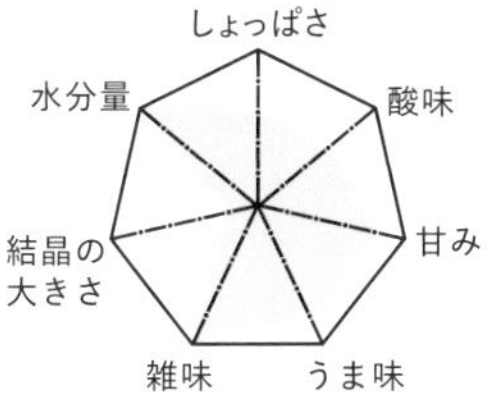

海人《あまびと》の藻塩

ホンダワラなどの海藻を使って作った塩。癖がなく、適度なうま味としょっぱさで、おにぎりに合う。総じて藻塩はのりとの相性が△。逆に、のりなしでも磯の香りを楽しめる

［おすすめの具材］
のりなし塩むすび

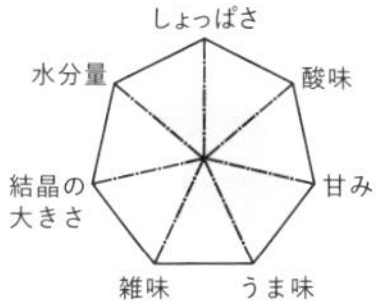

天空の鏡 ウユニの塩

まろやかで、ほんの少し酸味と苦味がある。その複雑な味わいからのりとの相性が抜群。いちばんのおすすめは、塩とのりだけのシンプルなおにぎり。香ばしく焼いた具材と合わせても○

［おすすめの具材］
炙りたらこ

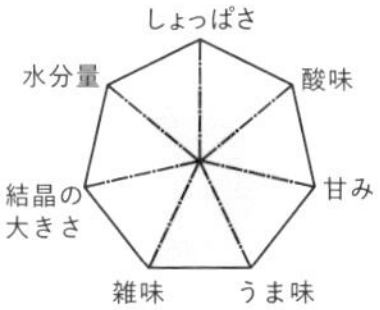

クリスタル岩塩

うま味が強く、しょっぱさはまろやかな塩。地質の関係なのか、なぜかホタテのような風味を感じる。岩塩は溶けにくいので、おにぎりにはミルタイプではなく、パウダータイプをチョイス

［おすすめの具材］
魚介類

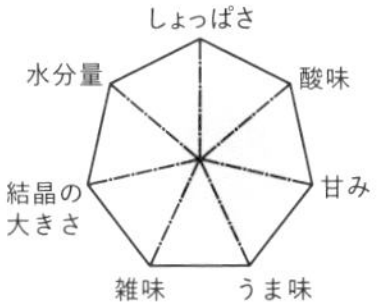

クリスマス島の塩

ミルキーな甘みがあり、米の持つ甘みやおいしさを引き出してくれる。やや結晶が大きめなので、冷めてから食べるおにぎり向き。お肉に合わせるシェフが多い塩で、肉系の具材との相性が良い

［おすすめの具材］
牛しぐれ

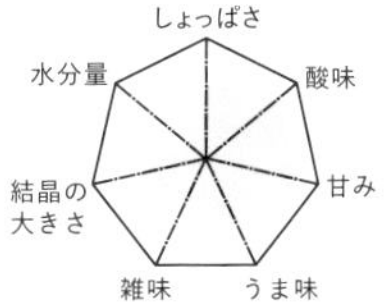

お話を伺った人

青山《あおやま》志《し》穂《ほ》さん

一般社団法人日本ソルトコーディネーター協会の設立者。食品メーカー勤務を経て、塩専門店事業部へ。塩の魅力にハマり研究に没頭。2012年に独立し、協会を設立

まとめ

- ▶ おにぎりに合うのは、
  塩分相当量の低い、まろやかな塩
- ▶ 塩の結晶の大きさが 1mm 以下だと、
  米になじみやすく食感がジャリジャリしない
- ▶ 米の重量に対する塩分量の目安は、
  塩むすびの場合で 0.5 ～ 0.9%
- ▶ **塩加減は薄めが鉄則。**
  「追い塩」で調整したり、味変したりするのもおすすめ

最新型おにぎりロボット

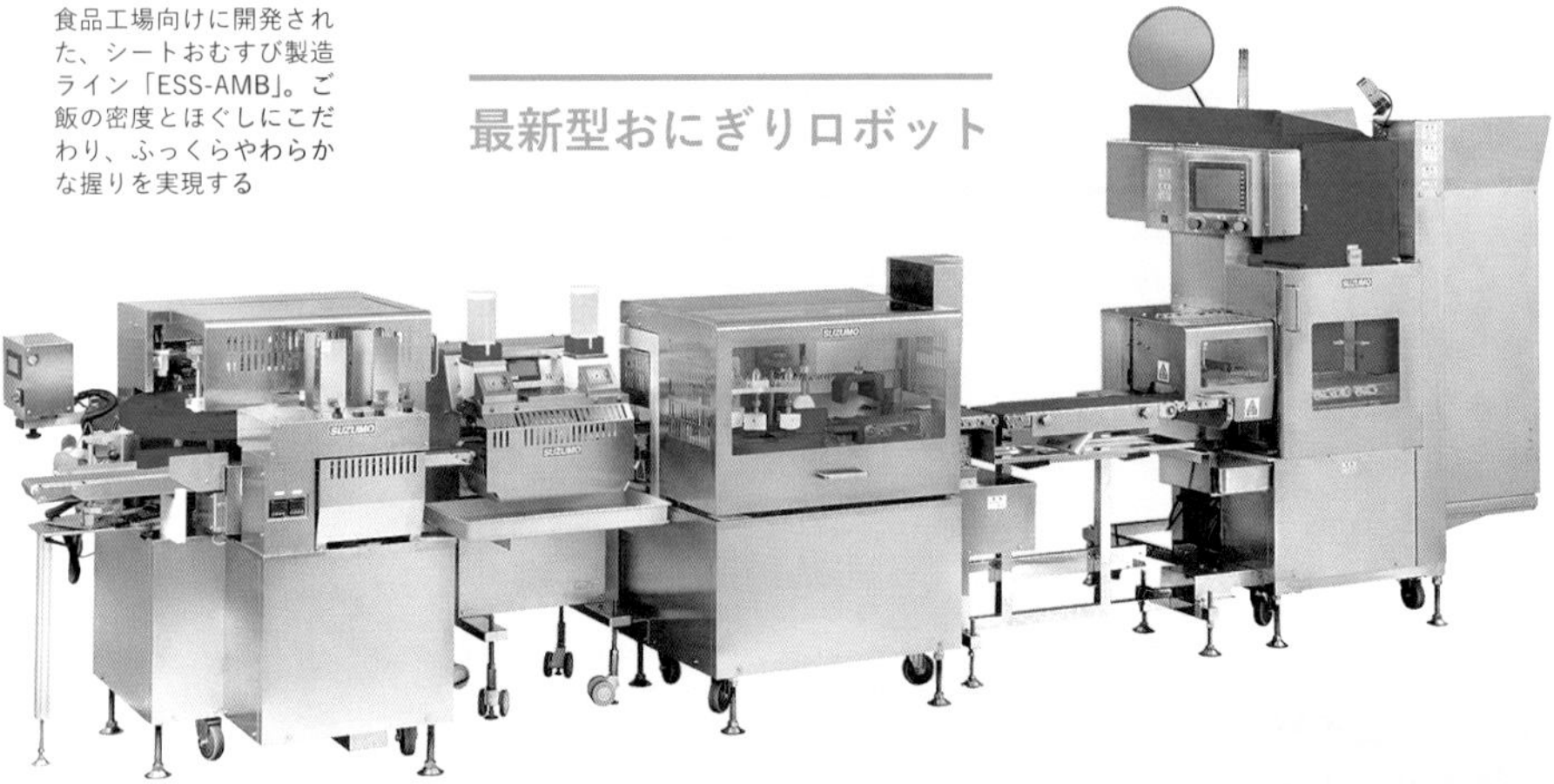

食品工場向けに開発された、シートおむすび製造ライン「ESS-AMB」。ご飯の密度とほぐしにこだわり、ふっくらやわらかな握りを実現する

最先端「おにぎりロボット」おいしさの技術とは？

コンビニおにぎりのレベルの高さは、今や誰もが認めるところです。おにぎりロボットを開発している鈴茂器工に、そのおいしさの秘密を教えてもらいました。

最も重要なのは「ほぐし」の工程

世界初の寿司ロボットを開発した鈴茂器工は、おにぎりの分野でもトップクラス。フード・ファクトリー・マシン営業部の伊藤さんによると、おいしさの秘密は「ほぐし」にあるそう。「ご飯の一粒一粒が立つようにほぐしてから成形することで、口どけの良いおにぎりが完成します」と伊藤さん。いかに米粒を壊さず、表面を傷付けずにふんわりとほぐせるかが重要だそう。

「求められるのは、人の手以上の仕上がり」と語るのは同社東京工場 技術部長の山田さん。ドラムと呼ばれる機構にご飯を投入すると、樹脂製の爪が付いたローラーが回転し、米が掻《か》きほぐされていきます。この爪こそが技術の結晶。爪の形、角度、本数、取り付け位置の違いで、食感はもちろん出来上がりの形まで変わってしまうそう。ご飯にしゃもじを入れる時の角度を参考にするなど試行錯誤の末、現在の形状に辿り着いたと言います。

おにぎりロボットから得られた知見は、握りよりも「ほぐし」が重要という意外な事実でした。

1981（昭和56）年に誕生した世界初の寿司ロボット。「ほぐし」が重要なのは、すしもおにぎりも同じ

おにぎりロボットで おにぎりができるまで

今回はこの機械で実演します！

コンビニ向けのおにぎりの生産では、ご飯がブロック状で届く。このかたまりをいかにやわらかくほぐし、やわらかな握りを実現するかに技術が問われる

ご飯は25度以下まで冷却された状態でロボットへ投入される。食中毒のリスクを避ける意味でも、日持ちさせる意味でも温度管理はポイントになる

「ドラム」と呼ばれる、ご飯をほぐすための機構。樹脂製の爪の付いたローラーで掻きほぐすことで、空気を入れながら、ご飯をぱらぱらと分離させていく

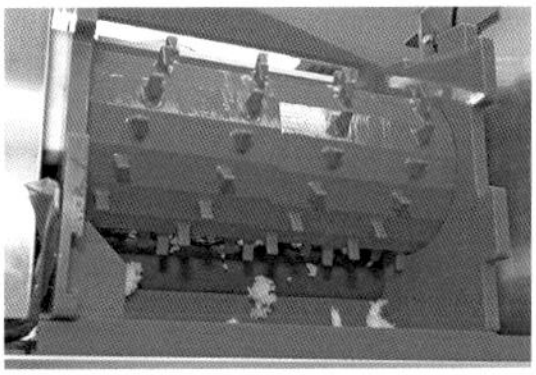

回転するローラーを通り、ほぐされたご飯が出てくる。ローラーを回す速度を遅くしたり、速くしたりすることで、ほぐし具合を変えることができる

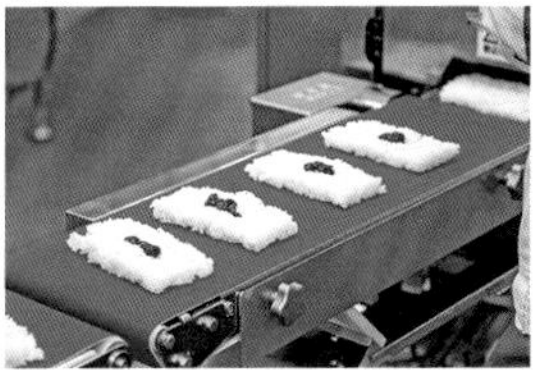

ほぐしたご飯はシート状に成形され、その中央に具材をのせる。具材の入れ漏れを防ぐため、カメラで撮影した画像と重量のダブルチェックを行っている

シート状のご飯を、両サイドから折りたたむようにして具材を包み込む。テフロン樹脂を採用し、ご飯の表面を傷付けることなくワンステップで具材を包む

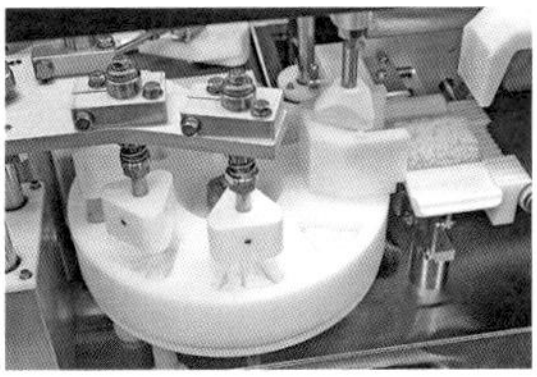

具材の入ったご飯を三角形に成形する。やわらかく1回、2回、3回と、3度に分けてプレスすることで、表面はしっかり、中は口どけの良いおにぎりに仕上がる

出来上がり！

おにぎりの形が完成。この後、塩をふり、のりと共にパッケージされ出荷される

お話を伺った人

伊藤《いとう》 勇《いさむ》さん（左）
山田《やまだ》二郎《じろう》さん（右）

鈴茂器工株式会社は、寿司ロボットなどの米飯加工機械のパイオニア。フード・ファクトリー・マシン営業部次長の伊藤さんと、東京工場 技術部部長の山田さん

まとめ

- ▶ おにぎりの生産工程で最も重要なのは **ご飯をほぐす工程**
- ▶ 大切なのは、**ご飯の粒を壊さず、表面を傷付けずにほぐし、具材を包むこと**
- ▶ ローラーに付いた爪の形、角度、本数、取り付け位置により、**仕上がりが変わる**
- ▶ ロボットに求められるのは、**人の手に勝るほぐしの技と仕上がり**

食品メーカーのおにぎりアドバイザーに聞く!

丸美屋食品に伺い、同社の商品を使っていつものおにぎりがさらにおいしくなる方法を教えていただきました。

実践! 家庭でできるおいしいおにぎりの作り方

おにぎりの市場調査で得たノウハウを実践

「のりたま」、「混ぜ込みわかめ」などを製造するメーカー、丸美屋食品。ご飯に合うロングセラーのふりかけ商品をご存じの方は多いでしょう。

同社のご飯関連の新商品への意気込みがすごいと聞き、お話を伺うと、例えば、「混ぜ込みわかめ」の開発を担当するチームでは、毎日一人5〜6個のおにぎりを握って食べているのだそう。試食しながらチーム全員で意見を出し合って商品化へ進めていくそうです。

商品開発の一環として、市場調査も欠かさず、おにぎり専門店を巡り、おいしいと評判の米、塩などの調味料探しなども欠かさないと言います。

「『混ぜ込みわかめ』の〈和風ツナマヨ〉の開発は、とても印象に残っています」と語るのは、マーケティング部ふりかけチームの藤井さん。なんでもツナマヨをフレーク状にするのが難しかったと言います。

今回は、藤井さんをアドバイザーとして迎え、家庭で作るおいしいおにぎりの作り方をレクチャーしていただきました。

世の中で話題のもの、おいしいものなどの情報はチームのみんなで共有し、新商品の開発に生かしている

「混ぜ込みわかめ」は試作を何度も繰り返し、理想の味に近づけていく。おにぎりを作ったら少し時間をおき、素材の味、うま味などもチェックしている

お話を伺った人

藤井《ふじい》 茜《あかね》さん

丸美屋食品工業㈱マーケティング部所属。入社以来、ふりかけ一筋で、「混ぜ込みわかめ」シリーズの開発など、多岐にわたる実績を持つ。管理栄養士免許を保有している

炊飯する

計量と水の温度が重要

おいしいおにぎりを作るために注意したいことは、米の計量と水加減。家事目線だと、少し手抜きしたくなる部分ですが、計量カップやすりきり棒などを使い、きちんと量ることを心がけましょう。正確に量ることで、よりおいしいご飯が炊き上がります。

炊飯用の水は、軟水のミネラルウォーターを使用するとよりおいしく炊き上がります。「夏場は冷たく冷やした水を使って炊くのがおすすめ。水の温度を下げることで炊飯ジャーの中での温度差が出て、よりふっくらとおいしく炊けます」と藤井さん。

炊き上がったご飯は、しゃもじで切るようにほぐします。「ご飯のほぐし方は入社してすぐに習いました。それくらいおいしいご飯には欠かせないアクションです」

米の選別

米はスーパーなどでも手に入りやすい「コシヒカリ」を使用

計量

米の計量は、正確に行う。計量カップにすりきり一杯が目安

洗米

軽くかき混ぜるようにして米を洗う。強く押し付けて洗うのはNG。手早さを意識して洗うようにしよう

炊飯

軟水のミネラルウォーターを使用する。夏場は冷蔵庫で冷やした水を使うと良い

ほぐし

炊き上がったら炊飯ジャーのふたを開け、しゃもじで切るようにほぐす。米の一粒一粒が立つように意識してほぐしてみよう

水は、水道水でも問題なく炊けます
夏場は冷水を使いましょう

おにぎりアドバイザー
藤井 茜さん

具を入れて握る

白ご飯の場合

❶

具材の味付け（塩味など）により、ご飯との塩味のバランスを考えて塩を使用するか否かを判断する。塩を使う場合は、手塩ではなく、ボウルに温かいご飯と塩を適量、混ぜ合わせておく方法が均等に混ざるのでおすすめ

❷

おにぎり型にラップを敷き、❶のご飯から1個分（80g）を計量し、型に入れる。同様にもうひとつ量って入れたら、中央に具をのせる
※今回は「のっけるふりかけ＜鮭明太＞」を使用。しっかり味が付いているのでご飯に塩は使用していません

混ぜ込みご飯の場合

❶

フッ素樹脂加工のフライパンに温かいご飯、具を入れて混ぜ合わせる
※今回は、「混ぜ込みわかめ＜鮭＞」を具として使用しています

❷

量りの上にラップを敷き、❶のご飯から1個分（80g）を計量する。同様にもうひとつ量る

当社商品の「のっけるふりかけ〈鮭明太〉」と「混ぜ込みわかめ〈鮭〉」を使って紹介します！

家庭なら、おにぎり型を使うのがおすすめ

おにぎり型を使う握り方

丸美屋食品では、おにぎりは、しっかり握るのではなく、ふんわりと握った方が口の中でほどけて、おいしいと考えているそう。ただ、家庭で作るおにぎりで空気を含ませてふんわり握るのはなかなか難しいかもしれません。

そこで活用したいのが「おにぎり型」を使って握る方法です。「入社してすぐにおにぎりの握り方の研修を受けました。これまで自分が知っている味との違いが歴然だったので、それからは型を使ったふんわりと握る方法でしか握りません」と藤井さん。

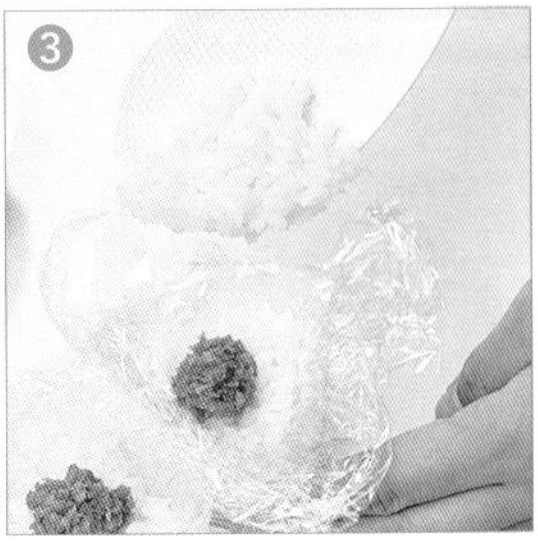

具材が隠れる程度の量のご飯をのせる

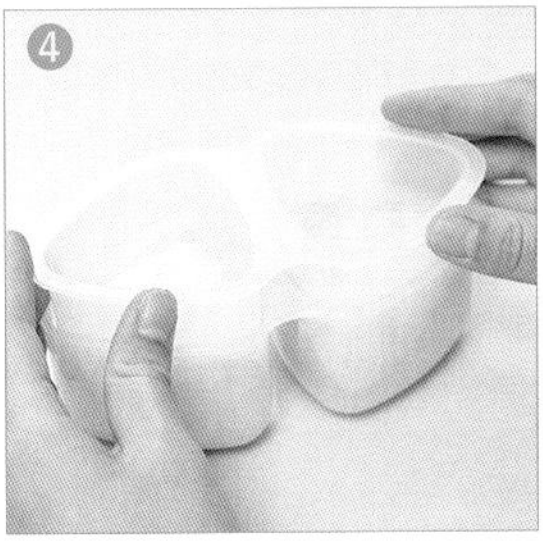

押し型をのせ、上から押す。ぎゅっと押すのではなく、力を入れず、軽く押す。押し型の底がご飯に付いたら手を放すくらいのイメージ

お好みでのりを巻き、トッピングとして具をおにぎりの上にのせる

ラップで覆い、三角に優しくまとめる。同様にもう1個も形を作る

おにぎり型に③で作ったものを2個入れる

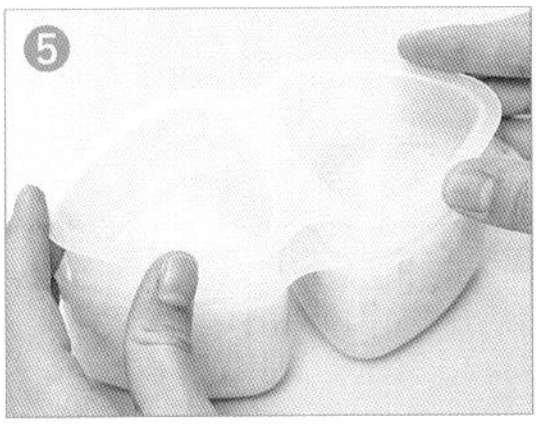

押し型をのせ、上から押す。ぎゅっと押すのではなく、力を入れず、軽く押す。押し型の底がご飯に付いたら手を放すくらいのイメージ

完成！

ふんわりもっちりできています！

チームでは、作ったおにぎり一個一個を試食する。紹介した方法をご家庭で試していただければ、より楽しい「おにぎりライフ」になるとのこと

まとめ

- **具の味付けによりご飯に塩を入れるかどうかを決める**
- 口どけの良いおいしいおにぎりを作るには、**型を使って握る**
- 押し型はぎゅっと押さない **力を入れず、軽く押す**
- 混ぜ込みおにぎりは、型に入れる前に **混ぜ込みご飯をラップで包んで少し形を整える**

おにぎり作りのコツ

おいしいおにぎりの作り方を覚えたら、
より効率的に作る方法、アレンジメニューについても
教えていただきました。

新常識！ ボウルではなく フライパンを使う！

混ぜ込みご飯のおにぎりを作る時、みなさんは、何を使ってご飯と具材を混ぜますか？ ボウルを使われている方が多いのではないでしょうか？「ぜひ試していただきたいのがボウルではなく、フッ素樹脂加工のフライパンを使って混ぜる方法です」と藤井さん。フライパンは口径が広く、全体に混ぜやすいのでボウルよりも、あっという間に混ぜることができます。

「分量を多く作る時にボウルでは混ぜにくくて、2回に分けるなんていうお悩みの声も聞いたことがありますが、その場合もフライパンを使えば、手早く混ぜることができます」

また、ボウルのように表面にご飯がくっついたりしないので、洗い物がしやすくなり、家事負担の軽減にもつながるそうです。

すぐに混ぜられる

「混ぜ込みわかめ<鮭>」を使って混ぜてみると、5～6回ほどでまんべんなく混ざった

ご飯の量が多くてもＯＫ

運動会やレジャーなどでたくさんおにぎりを作りたい時でも、一気に混ぜられるので、時短も叶う

おにぎりの型は押し型タイプを選ぶ

おにぎり型には、いろいろなタイプがありますが、藤井さんのいちばんのおすすめは押し型タイプだそう。

「P.72～73で実演しましたが、型にラップを敷いてご飯を入れて軽く押すだけでできるので、簡単かつ衛生的に作ることができます。店舗などで何十個も作りたい場合は別ですが、家庭で握る場合は押し型タイプで十分です」と藤井さん。

また、型を使うのが初めてであれば、初めから高級なものを購入するのではなく、100円ショップで販売されているものを購入し、試してみて、使いやすいものを見つけると良いでしょう。

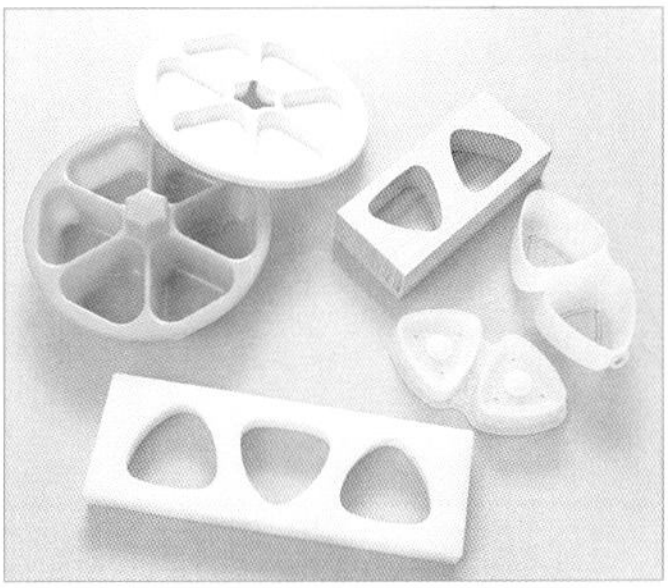

型はおにぎり専門店でもよく使われている本格的なものや一度に5～6個作れるものなどさまざまなタイプがある

おすすめはご飯を入れるパーツと、上から押すパーツが分かれている押し型タイプ

おかずおにぎりに挑戦

最近のおにぎりの傾向として、具だくさんの「おかずおにぎり」も人気です。「『混ぜ込みわかめ』シリーズの開発でいちばんに考えることは、手間がかからず、誰でもおいしく作れることです。『混ぜ込みわかめ』は、具材から出るうま味がしっかり効いており、味の満足感を十分感じることができます」と藤井さん。

おにぎりの中に市販のから揚げ、ミートボール、ウインナーなどを入れるだけでも十分なおかずおにぎりになります。マンネリになりがちなおにぎりのバリエーションが広がること間違いなしです。

「混ぜ込みわかめ＜香るごま油味＞」を混ぜたご飯にミートボールを入れてボリュームアップ

「混ぜ込みわかめ＜鮭＞」「同＜若菜＞」を混ぜたご飯にコーンやベーコンを合わせて、子供の食欲アップ

「混ぜ込みわかめ＜鮭＞」「同＜若菜＞」を混ぜたご飯にチーズや半熟ゆで玉子を入れて彩り良く

写真提供：丸美屋食品（上のおにぎりの写真３点）

おにぎりで力を発揮！炭水化物は体の電池

2021年に開催され、日本中を沸かせた東京オリンピック。その試合の裏側にあった出場失格の危機、さらに試合前に食べたおにぎりと勝ちメシについて詳しく語っていただきました。

Aaron Phillip Wolf

ウルフ・アロン

1996年生まれ、東京都葛飾区出身。100kg級。「体が大きいからやってみれば」という祖父の勧めで柔道を始める。2017年初出場の世界選手権を制し、2019年は体重無差別で争う全日本選手権で初優勝。けがなどの多くの挫折を乗り越え、2021年東京オリンピックで金メダル獲得。柔道三冠を達成する

おにぎり to 私

おにぎり28個分を食べて まさかの失格の危機

本書編集部（以下編集部） オリンピックの試合前日におにぎり28個分を食べた、というエピソードを詳しく聞かせてください。

ウルフ アロンさん（以下ウルフさん） オリンピックの試合の前日の夜には、計量があります。僕の階級は100kg級で、前日までに体重を100kg以内に調整する必要があります。計量にクリアした後は、100kg以上あった方が試合で力が出せるので、許容範囲内で、体重を戻すために栄養を補給しました。管理栄養士さんと話し合った結果、この時はおにぎり28個分くらい食べた方がいいと。炭水化物は体の電池みたいなものなので、チャージすると次の日はいいパフォーマンスができるんです。その量を食べたら当日

寝る時にはもう、計量時より体重が6kgぐらい増えていました。普通、そんなに戻す選手、いないんですけど（笑）。

編集部　おにぎりって結構重いんですね（笑）。

ウルフさん　翌日の試合当日には、さらに当日計量というものがあり、全選手の中から抜き打ちで4人だけ選ばれるんです。その際、階級の制限体重の5％をオーバーしたら失格というルールがあって、１００kg級の場合は１０５kg以上だと失格になります。選ばれることはないと思っていたら、当日選ばれてしまって。あわててそこからサウナスーツを着て、がんがんサーキットをして。1時間の猶予の間に体重を1kg落としました。

編集部　無事に失格の危機を乗り越えたのですね。

ウルフさん　いつもはそんなに激しいウォーミングアップをしないので、逆にいいパフォーマンスができた部分もありましたね（笑）。何とか当日計量をクリアして、また試合の合間におにぎりを食べて体重を戻して、決勝の時には、体重が１０８kg強ぐらいはありました。

編集部　おにぎりを食べて金メダルを取られたんですね！

ウルフさん　そういうことになりますね。

写真上：試合前日の夜、おにぎりやフルーツをリカバリーのために食べる「おにぎりパーティー」中のウルフさん。これを前夜祭と呼び発奮材料にしている　**写真左**：具は明太子が好きだが試合前は生ものを控える。プライベートでは自ら好きなおにぎりを作ることも

編集部　勝ちメシがお米だと公言されていますが、何かきっかけがあったのでしょうか。

ウルフさん　海外の試合に出場するようになった時に現地にお米がなくて、パンとかパスタを食べたんですけど、試合で力を発揮することがあまりできなくて。生まれてからずっと日本で育ってお米を食べてきたので、自分の体にはいちばんお米が合っていると思いましたね。

編集部　体に合うかどうかを大切にされているのですね。

ウルフさん　やっぱりお米の方が力が出ると感じています。僕の中では、とにかくベストな力を出せる炭水化物はお米で、「試合前に食べるのは米」と決めています。

編集部　試合の間におにぎりを食べるメリットは何ですか？

ウルフさん　僕は消化にいいものだと、あんまり力を発揮できないので、ゆっくりと消化されていくようなおにぎりを好んで食べています。ゼリー飲料を食べるアスリートが多いんですけど、僕はできるだけ固形のものを食べるようにしてます。

編集部　オリンピックの時は、どのタイミングで食べていたのですか？

ウルフさん　準々決勝と準決勝の間で2時間空きがあったので、そのタイミングでおにぎりを食べました。

編集部　延長戦のことを「ウルフ・タイム」と呼ばれたり、スタミナが持ち味と言われていますが、そこにもつながりますか？

ウルフさん　そうですね、炭水化物をちゃんと摂っているかどうかで全然パフォーマンスも変わってくると思います。やっぱり最後の最後で力を発揮できるのは、ご飯やおにぎりでうまくリカバリーできているからだとは思います。

編集部　本日はおもしろいお話、どうもありがとうございました。これからも応援しています！

おうちで作る
おいしいおにぎりレシピ

私ならこう作る！

新しいおにぎりのカタチ

P.79 ▶ 枝豆天かすの
ごちそうおにぎり

P.80 ▶ 甘い炒り玉子の
ごちそうおにぎり

P.82 ▶ 鮭明太とわさびと大葉の
ごちそうおにぎり

P.96 ▶ いなりずし風
おにぎり

P.98 ▶ ごまたくあんの
明洞おにぎり

P.100 ▶ ツナマヨとオクラの
おかかおにぎり

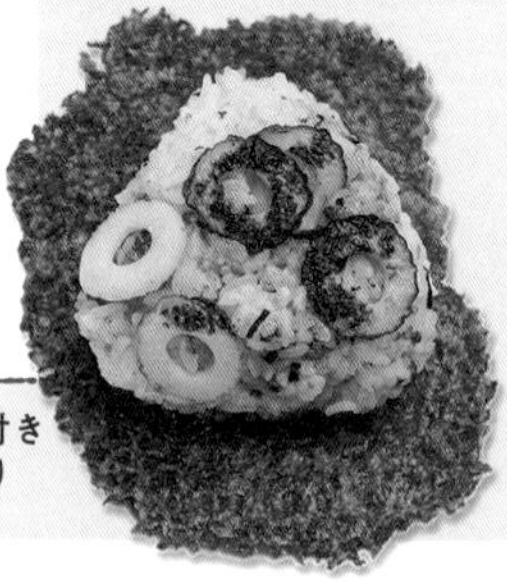

P.102 ▶ カリッと羽根付き
チーズおにぎり

市販品を使って時短！
おにぎりをおいしくアレンジ

「おうちでもっとおいしく、もっと簡単におにぎりを作りたい」。そんなニーズに応えるべく、食べたくなったらすぐに作れる、市販品を使ったおにぎりのアレンジレシピ7品を紹介します。新しいのに、すぐに挑戦できる、家庭のおにぎりを料理家さんたちにレクチャーしていただきました。

レシピの見方

- 分量はすべて２人分表記です。
- 下準備は材料の横、または下に（　）で表記し、洗う、むくなどはできるだけ省略しています。
- 大さじ１＝15cc、小さじ１＝５ccとしています。
- 調理家電を使う時は説明書に従い、やけどなどに十分注意してください。

使用するアイテム

ご飯に混ぜ込む「混ぜ込みわかめ」、おかず感覚で使える瓶詰めタイプの「のっけるふりかけ」、ふりかけの王様「のりたま」を使用したアレンジレシピを紹介します。

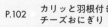

混ぜ込みわかめ<梅じそ>を使って

枝豆天かすのごちそうおにぎり

天かすのコクと歯ごたえのいい枝豆がポイント。
食べごたえがある満足度の高いおにぎりです。

混ぜ込み<梅じそ>×天かす めちゃくちゃ合います!

材料 2人分

温かいご飯 ………… 360g
混ぜ込みわかめ<梅じそ>(丸美屋食品) ………… 小さじ4
天かす ………… 大さじ4
茹で枝豆 ………… 60粒

おにぎり DATA

枝豆天かすのごちそうおにぎり
[W6×D3.7×H6.1cm]

形・握り
幅6cmほどの三角形。ラップを使って握る

具
天かすと茹でた枝豆。枝豆は冷凍品でも良い

ご飯
ご飯に混ぜ込みわかめ<梅じそ>を混ぜ合わせている

作り方

❶ ボウルに温かいご飯、混ぜ込みわかめを入れ、混ぜ合わせる。

❷ 天かす、茹で枝豆を加え、さらに混ぜる。

❸ ❷の1/6量をラップにのせ、三角形に握る。同様に5個作る。

見た目のボリュームに
圧倒されます!

混ぜ込みわかめ＜若菜＞を使って

甘い炒り玉子のごちそうおにぎり

混ぜ込みわかめの塩味と甘い炒り玉子の味のバランスが絶妙！
お弁当の甘い玉子焼きをイメージして作った炒り玉子が食欲をそそります。

材料 2人分

温かいご飯 ………… 360g
混ぜ込みわかめ＜若菜＞（丸美屋食品）
………… 小さじ4
炒り玉子（作りやすい分量）

A
- 卵 ………… 4個
- 砂糖 ………… 大さじ1
- マヨネーズ ………… 大さじ1
- 塩 ………… ふたつまみ
- 水 ………… 大さじ2

油 ………… 大さじ1

ワンポイント

甘い炒り玉子は、マヨネーズを入れることでコクが出て、ふわふわに仕上がります。

作り方

❶ フライパンに油を熱し、Aを入れてかき混ぜながら火を通し、炒り玉子を作る。

❷ ボウルに温かいご飯、混ぜ込みわかめを入れて混ぜ合わせ、❶の炒り玉子を半量加え、ざっくり混ぜ合わせる。

❸ ❷の1/6量をラップにのせ、三角形に握る。同様に5個作ったら、❷で残した炒り玉子を6等分にし、すべてのおにぎりの上にのせる。

おにぎり DATA

甘い炒り玉子のごちそうおにぎり
［W6.2×D4.6×H6.7cm］

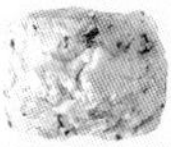

UP

SIDE

形・握り
幅6cmほどの三角形。ラップを使って握る

ご飯
ご飯に混ぜ込みわかめ＜若菜＞を混ぜ合わせている

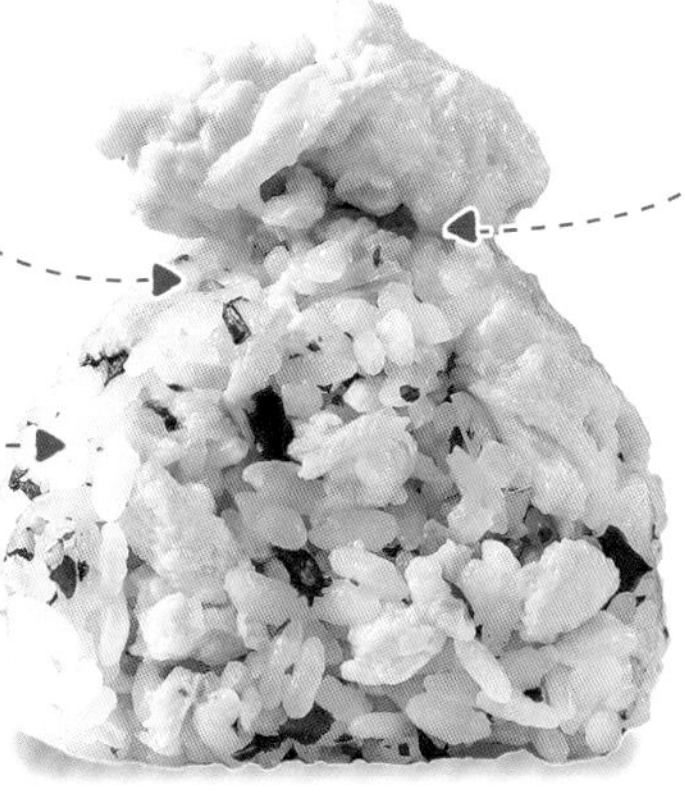

具
炒り玉子の半量はご飯と混ぜ、残りはおにぎりの上にのせる

のっけるふりかけ＜鮭明太＞を使って

鮭明太とわさびと大葉のごちそうおにぎり

大葉入りのさっぱりした
酢飯をベースにしたおにぎりです。
具の鮭明太のコクが引き立ちます。

材料 2人分

温かいご飯……360g
のっけるふりかけ＜鮭明太＞（丸美屋食品）……大さじ4
おろしわさび……小さじ1
すし酢……大さじ2
A［白いりごま……大さじ1
　大葉（みじん切り）……6枚
＜仕上げ用＞
おろしわさび、白いりごま、白すりごま……各適量

作り方

❶ 小さな器にのっけるふりかけ、わさびを入れて混ぜ合わせる。

❷ ボウルに温かいご飯、すし酢を入れて混ぜ、Aを加えてさらに混ぜ合わせる。

❸ ❷の1/6量をラップにのせ、その中央に❶の1/12量をのせたら、三角形に握る。同様に5個作る。

❹ すべてのおにぎりの上に❸で残ったふりかけを1/6量ずつ、仕上げ用のわさびをのせ、白いりごま、白すりごまをふる。

おにぎり DATA

鮭明太とわさびと大葉のごちそうおにぎり
［W5.8×D4.2×H6cm］

UP

SIDE

形・握り
幅6cmほどの三角形。ラップを使って握る

ご飯
みじん切りの大葉と白いりごまを混ぜる。大葉の爽やかさとのっけるふりかけ＜鮭明太＞の相性良し

具
おにぎりの中にのっけるふりかけ＜鮭明太＞とわさびを混ぜたものを入れ、おにぎりの上にものせる。さらにその上にわさびをのせ、白いりごまと白すりごまをふる

鮭明太にプラスした
わさびの辛みが
クセになります！

おにぎりの具材は2種類以上使うのが鉄則

Tesshiさんの作る「ごちそうおにぎり」の1人分のご飯の量は、お茶碗に多めの1膳分。具材は2種類以上入れるので食べごたえがあり、おかずの必要がありません。

「おにぎりの具には、塩昆布などうま味の強いものを使うのがおすすめです。市販のふりかけは、それだけで味が完成されていますが、味の主張が強すぎない具材を足すと、簡単にごちそう感のあるおにぎりが作れます」

　新しいおにぎりを考える時は、回転ずしにある変わり種のすしネタを参考にすることもあるそうです。

教えてくれた人

Tesshi《てっし》さん

「ごちそうおにぎり」がインスタグラムで人気となり、フォロワー数36.6万人超え（2022年12月現在）を誇るデリスタグラマー。著書に『主役は、ごちそうおにぎり つまみにポテサラ、シメのホットサンド』（KADOKAWA）など

古き良き見た目と大きさにびっくり!

a

c

d

b

a. 竹の皮を開くとおかずとおにぎりが見える。1日100個は売れる人気おにぎり　b. おにぎりの具は昆布の佃煮と手作りのちりめん山椒。合わせて30gも入れる　c. まずは丸形にして酢を少し入れた昆布出汁を手のひらで表面に塗り、その後、塩をふって三角形に握る。握るというより転がすイメージがいちばん近い　d. 創業30年を迎えた古都屋。現在は息子の水谷竜史さんが加わり、家族3名で運営

おにぎり DATA

UP

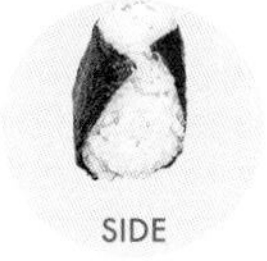
SIDE

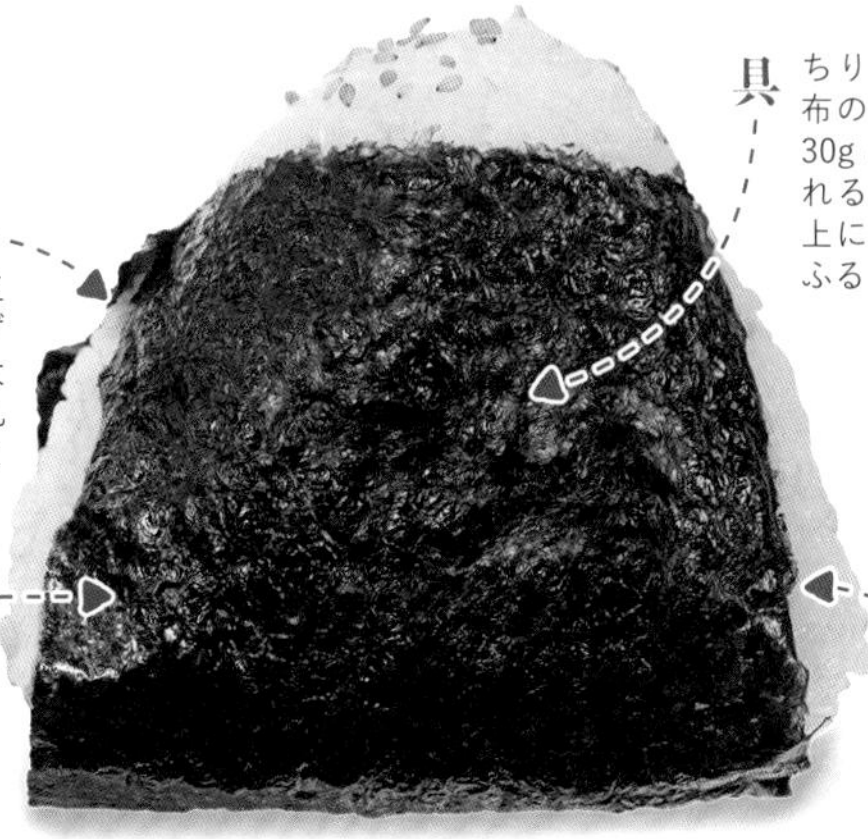

形・握り
幅 10cm ほどの三角形。型を使わずふんわり握る。大きいので初めは丸く形を作り、そこから三角形に握る

のり
佐賀県有明海産を使用。巻きずしよりは少し薄めののりをセレクト

具
ちりめん山椒、昆布の佃煮を合計で 30g ご飯の中に入れる。おにぎりの上に白いりごまをふる

ご飯
奈良県産の「ヒノヒカリ」と富山県産の「コシヒカリ」のブレンド米を使用。握りながら昆布出汁をまぶす。1 個 260g ほど

きこりむすび
［W10.4×D5.3×H8.7cm］　テイクアウト価格 690 円
※おかず（紅鮭、梅干し、こんにゃく、たくあん）付きの値段です。

冷めてもやわらかく そして深い塩味

　店でいちばん人気の「きこりむすび」は竹皮の包みを外すと、幅10㎝×高さ9㎝ほどの大きなおにぎりが一つ、その横には紅鮭、梅干し、こんにゃくの煮物、たくあんが入っている。昔の弁当をほうふつとさせる見た目だ。

　1個あたりのご飯の量は260gもある。米は、少しやわらかめに炊くが、これをしっかり握るとご飯に粘りが出て空気の層がなくなり、食感がべったりとしてしまう。ふんわりと握るためには、まずは丸い形を作り、塩をふったら昆布出汁をまぶして、優しく三角形にする。ご飯の玉を転がすくらいのイメージでちょうど良い。こうすることで、冷めてもご飯の食感が固くならない。

　ちなみに取材後に新幹線の中で食べてみた。なるほど、冷めてもやわらかく、それよりもうっすら出汁の効いたご飯の塩味がとても上品で印象に残った。

SHOP DATA

おにぎりの古都屋《ことや》

住 奈良県香芝市旭ケ丘 1-31-1 1F
営 8:30 ～売り切れ次第終了
休 水、第 2 火
TEL 0745-76-7525
URL kotoya.info
備 テイクアウトのみ

ほろりとほどけるような食感！

a

c

d

b

a. 人気１位は「すじこ鮭」。２位はピリ辛のじゃこピーマン入りの「青鬼の爪」、３位は「鶏そぼろ」 **b.** 写真では分かりにくいが手の中でリズムよく、転がすように握る **c.** グッズやテイクアウト用の袋に押す消しゴムハンコなどが並ぶ店内。右は、テイクアウトのおにぎりの袋 **d.** 店主の青松さんは東京の有名店（現在は閉店）で修業をした。一見強面だが、実直で筋が通った考えの持ち主

おにぎり DATA

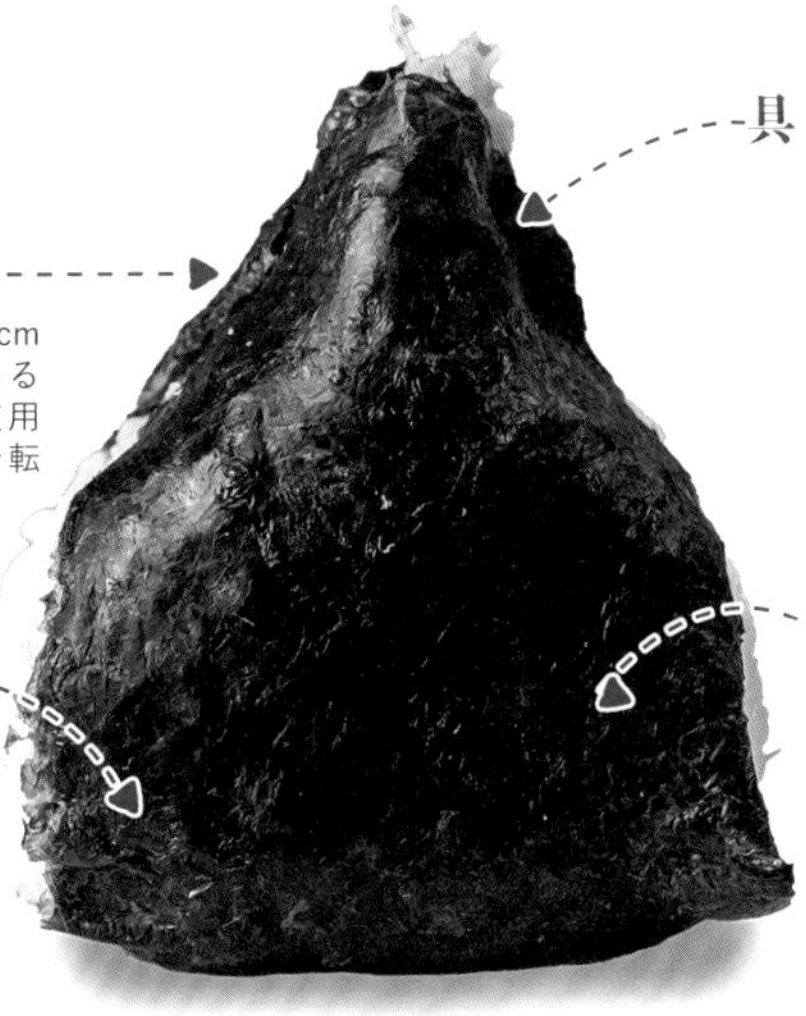

形・握り
幅 7 × 奥行き 6 cm ほどの厚みのある三角形。型は使用せず、手の中で転がすように握る

のり
有明海産を使用。厚めでも歯切れの良いものを選んでいる

具
筋子、ほぐし鮭。ご飯の中央に入れておにぎりの上にものせる

ご飯
小粒で粘りのある福井県産の「イクヒカリ」を使用。1 個 100g ほど

すじこ鮭
［W6.8×D6×H5.5cm］

イートイン価格 280 円／テイクアウト価格 270 円。ランチタイムのイートインは、おにぎり 2 個以上と汁物や惣菜セットでの注文が必須

握り立てを味わう「ライブ」なおにぎり店

青おにぎりは、おにぎりをセットで注文しても、1個目を食べているお客さんのタイミングを見て次のおにぎりが握られ、供される。動きが速い！　なるほど、店内には、店のテーマ「すべてはタイミング」と書かれた貼り紙が。

店主の青松としひろさんのおにぎりの握り方は、独創的。力を入れずにリズミカルに手の中で転がすように握る。握るというより手の中でおにぎりを踊らせているような感じだ。

「おにぎりに触れる回数は他のお店より多いと思います」と青松さんは解説するが、出来上がったおにぎりはまったく固くなく、むしろほろりとほどけるような食感で、癖になる握り加減といえる。

羽釜を使い、やわらかめに炊かれたご飯は、水分は多めだが粒が立って感じるのは、この握り方のおかげなのだろう。

SHOP DATA

青《あお》おにぎり

住 京都府京都市左京区浄土寺下南田町 39-3
営 11:30 ～ 16:00（売り切れ次第終了）
休 月、その他不定休
TEL 075-201-3662
URL aoonigiri.com
備 イートイン、テイクアウト可。営業時間は変更の可能性あり。詳細は HP で確認を

50年以上 変わらぬメニュー！

a. 真ん中がいちばん人気の「味にぎり」。奥は人気2位の「鮭」、手前は人気3位の「たらこ」 b. おにぎりは、すべて店の奥にある厨房で調理している c. おにぎりの他におはぎなどの和菓子、惣菜が所狭しと陳列されており、客はおにぎりと一緒に購入していく

目移りして買いすぎ注意 豊富な品数が自慢！

創業53年、地元郡山のファンに愛されてきた、「たけや」。創業時からメニューはほとんど変わっていない。ガラスケースの中には常時20種類ほどのおにぎりと和菓子が並んでおり、すべて店の奥の厨房で手作りしている。

なかでもいちばん人気は「味にぎり」。多い日は1日1000個も売れる。味にぎりの具は、油揚げ、ごぼう、にんじん、切り昆布などを油で炒めて醤油などの調味料で甘辛く味付けをしたもの。それを炊き込んで、型に入れたあと手で形を整え、三角形に握る。

ベースのご飯は、もち米と普通の米の2種類から選べる。ご飯の味付けより、具の味付けの方が濃く、米本来の甘みも感じやすい仕上がりだ。これが食べ飽きないヒミツというか、根強いファンの心をとらえている。

SHOP DATA

たけや

住 福島県郡山市堂前町 18-3
営 7:00 ～ 19:00
休 月
TEL 024-932-5862
備 テイクアウトのみ

おにぎり DATA

味にぎり

［W7.5×D3×H 7.5cm］
テイクアウト価格 120 円

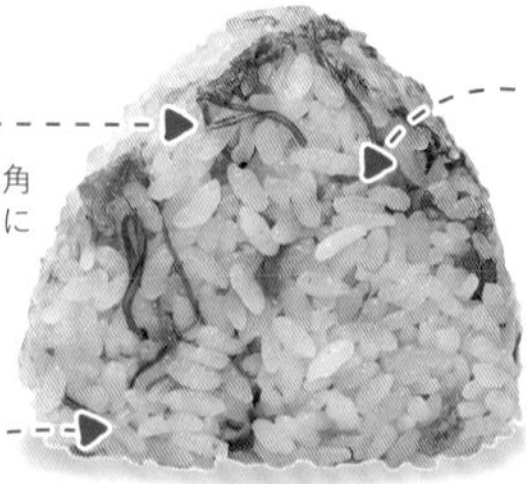

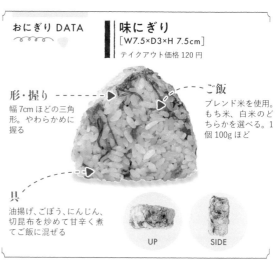

形・握り
幅 7cm ほどの三角形。やわらかめに握る

ご飯
ブレンド米を使用。もち米、白米のどちらかを選べる。1個 100g ほど

具
油揚げ、ごぼう、にんじん、切昆布を炒めて甘辛く煮てご飯に混ぜる

UP

SIDE

まちの駅やながわ

見た目は鶏めしだが、鶏肉の大きさがすごい。人気商品なので予約するのが良いだろう

1日1000個以上売れる超人気おにぎりのお味は!?

肉の適度な弾力、うま味のある肉質と評判の高い、ご当地鶏の伊達鶏を甘辛く炊き込んだ、その名も「肉ゴロッとおにぎり」は、その名にたがわず大ぶりのもも肉がしっかりと感じられる隠れた逸品。鶏めしにも似ているが、ごぼうやにんじんなどは見当たらず、鶏のみで勝負した自信作。前日に売り切れ御免で、予約してようやく味わうことができた人気のおにぎりだ。全国スーパーマーケット協会の「お弁当・お惣菜大賞2019」おにぎり部門で最優秀賞を受賞した超優等生。この結果で注目を浴びて人気が急上昇。県外からも求める人が後を絶たない。人気におごることなく、もちもちのご飯、肉々しい弾力の鶏肉、とても印象に残る味だ。肉が大きいので、おかずがなくても満足感が得られた。

販売店のまちの駅やながわ。駐車場完備でイートインスペースもある

少し足を延ばして宮城県までドライブ。道すがら、仙台駅で見つけたおにぎり。右から「仙台味噌漬けきゅうり」、「金華サバ」、「仙台麩」

「肉ゴロッと」のシールが目印。名産の伊達鶏を使った炊き込みご飯

まちの駅やながわ URL www.machinoeki-yanagawa.com

ぽんしゅ館 爆弾おにぎり家
◀ 新潟 ▶

a

b

c

a. 爆弾おにぎりで人気1位は「銀鮭」。次いで「焼きたらこ」、新潟らしい「神楽南蛮味噌」が人気　**b.** 全型のり1枚の中央におにぎりを置く。この大きさは圧巻　**c.** 通常のおにぎり（写真右）と比べてみると大きさの差は歴然

旅の思い出になる インパクト大なおにぎり

「爆弾おにぎり」の名前に負けていない、米1合を使った巨大なおにぎり。米は、米にうるさい新潟県民も納得する南魚沼塩沢産を契約農家から玄米の状態で仕入れ、店で精米して羽釜で炊き上げている。３２０ｇのご飯で丸い形を作り、中央に窪みを作って具を入れ、具が見えないように形を整える。全型のり１枚を使い表面を覆えば完成だ。

手で持つとずっしりと重たい。食べてみると米の粒立ちの良い食感がひと口で伝わってきた。そしてこぼれんばかりのほぐした鮭の塩味。やわらかく、米粒一つ一つに弾力がある。大きさと味に感服。さらに4合分のご飯を使用した「大爆おにぎり」一つ２２００円というチャレンジメニューも用意されている。こちらは好きな具材を5種類入れることができる。

SHOP DATA

ぽんしゅ館《かん》
爆弾《ばくだん》おにぎり家《や》 新潟駅店《にいがたえきてん》

住 新潟県新潟市中央区花園1-96-47 新潟駅 CoCoLo 西 N ＋ぽんしゅ館 コンプレックス
営 10:00 ～ 18:00
休 なし
TEL 025-290-7332
URL www.ponshukan.com/niigata
備 イートイン、テイクアウト可

おにぎり DATA

爆弾おにぎり　銀鮭
［W10.5×D7.7×H8.5cm］
イートイン価格・テイクアウト価格ともに700円

具
粗ほぐしの銀鮭を 50 ～ 60g ほどご飯の中に入れている

ご飯
新潟県南魚沼塩沢産の「コシヒカリ」を使用。1個 320g ほど

のり
有明海産の香りが良いのりを使用。おにぎり1個に対し、全型1枚を使用する

形・握り
幅 10 ×奥行き 8 cm ほどの大きな丸形。ご飯粒を潰さないようにふわっと握る

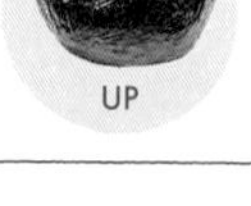
UP

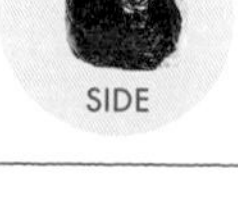
SIDE

駅で見つけた！
富山県
富山市
ご当地おにぎり認定！

富山駅　おむすび屋 源《みなもと》

とろろ昆布に白と黒があるのを知らない人は、ぜひ食べ比べてみてほしい

昆布が採れないのに
とろろ昆布の消費量がすごい！

富山市中心部を走る路面電車。市内には6系統もあり、車両タイプもいろいろとある

　のりではなく、とろろ昆布を巻くのが富山県民の定番おにぎりとのことで、早速食べてみた。白とろろはふんわりとしていて、優しい昆布の味に甘めの完熟梅の具の組み合わせ。黒とろろはやわらかくて、ほんの少し昆布の粘りけがある感じで、具の磯こんぶの味は濃いめ。あれ？　富山で昆布採れたっけ。富山県は昆布の消費量が全国屈指だが、採れないそう。江戸時代に昆布を積んだ北前船は越中も寄港地でそこで根付いたらしい。とろろ昆布は、酢漬けにした数種類の昆布を重ねて固め、その表面を削ったものだ。削る過程で表面の黒いとろろから中心にいくと白いとろろになる。黒とろろは酸味が強く、白とろろは酸味が控えめでソフトな食感とのことだ。なるほど、酸味の違いを味わう、なかなか深いご当地おにぎりだ。

富山県民好みの、黒とろろ。酸味と具の切昆布の甘辛さとよく合っている

富山市内の人気スポット富岩《ふがん》運河《うんが》環水公園《かんすいこうえん》から立山連峰を望む

おむすび屋 源　URL www.minamoto.co.jp

仙台味噌の香ばしさが食欲をそそる！

a. おにぎりで人気のメニューは「焼き味噌」、「昆布天」、「海苔塩」の3種類　**b.** ブレンドした味噌を塗り、オーブンで焼き上げる　**c.** オーナーの村上さん。「8割が常連さんです。その中には小学生もいます」

常連の胃袋をつかむ 水素水で炊いた米

店先から、味噌が焼ける香ばしい匂いが漂ってくる。店の厨房から一つ150gもある大きな焼き味噌おにぎりがアツアツで出てきた。

「おにぎりに塗る味噌は仙台味噌をベースに別の味噌と調味料を加えて独自の味を作っています」とオーナーの村上さん。「ひとめぼれ」の新米（取材時）と焼き味噌が程よいバランスだ。食べる時に手がべたつかないように紙で包んでワンハンドで食べやすさに配慮してくれているのもうれしい。

店のご飯は、すべて水素水で炊いている。やや固めで弾力があり、米の甘みをしっかり感じることができる。おにぎりは握る時に空気を入れてふわっとまとめるので食感がやわらかく、表面はパリッとしていて冷めても、風味が変わらない。

SHOP DATA

にぎりめし

住 宮城県柴田郡大河原町広表29-16-6
営 10:00 ～ 17:00（売り切れ次第終了）
休 木
TEL 090-5598-1016
備 テイクアウトのみ

おにぎり DATA

焼き味噌
［W8.9×D3.3×H8.9cm］
テイクアウト価格200円

形・握り
9cmほどの円盤形。ふんわりと握る

ご飯
宮城県産の「ひとめぼれ」を使用。4種類の味噌をブレンドしたオリジナル味噌を表面に塗って焼く。1個150gほど

蒲田屋

東京

小ぶりだから、一体感がすごい！

a. 店でいちばん人気の「なすみそ」、2位は「えび天（塩）」、3位は「鮭」 **b.** 具を挟むものは俵形に握る。「なすみそ」の味噌はオリジナル。中高年に人気 **c.** どれを選ぼうか悩んでしまうくらいの種類が豊富。どんどん売れていくが、都度、補充される

1日で2500個売れる揚げ物おにぎり！

店前のガラスケースには常時40～50種類のおにぎりが並ぶ。全品130円とリーズナブル。1日平均、平日1000個、土日は2000～2500個売れるという。鮭、昆布などの定番の他「えび天」、「いか天」、「ホタテ天」など揚げ物系のラインナップが豊富だ。

ご飯は、やわらかめに握り、具を包み込む感じで、一体感があるおにぎりに仕上がる。サイズは小ぶりで、一度に何個も買っていく人が多いのもうなずける。天むす系は、食べ進めるうちに衣が剥がれてしまうことがあるのだが、蒲田屋のおにぎりは、ふんわり握ることで衣が剥がれることなく、いただけた。

客のほとんどがリピーターなので、客が飽きないように季節によって揚げ物の種類を変えるなどの工夫もしている。

SHOP DATA

蒲田屋《かまたや》

住 東京都北区上十条 3-29-15
営 6:30 ～ 15:00
（売り切れ次第終了）
休 月
TEL 03-3906-2044
備 テイクアウトのみ

おにぎり DATA

なすみそ

［W5.8×D3.9×H8.7（6）cm］

テイクアウト価格 130 円

具
素揚げのなす、オリジナルの味噌を塗った大葉。ご飯の中に入れる

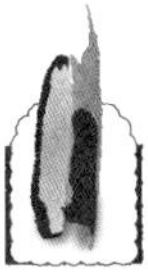

ご飯
粒が大きく、冷めてもおいしい千葉県産の「多古米」を使用。1 個 75g ほど

のり
兵庫県産を使用。香りが良く、若干厚みのあるものをセレクト

形・握り
幅 6 cm ほどの俵形。型は使わず、具をご飯の中央にのせたら具が潰れないようにふんわりと握る

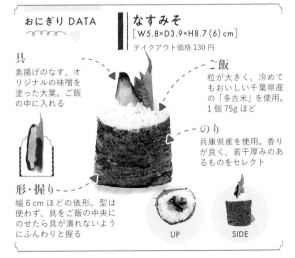

道の駅などで見つけた！
埼玉県深谷市
ご当地おにぎり認定！

道の駅おかべ

深谷ねぎは、ねぎ味噌など、ズバリそのまんまでなく、ひと手間かけた素朴な料理に合う

全国に誇る名産深谷ねぎがお手軽に堪能できる！

店の方に「ご当地のおすすめおにぎりはどれですか？」と尋ねて購入したのが上の写真の３品。深谷市はねぎの生産量日本一の市で、ねぎを使ったメニューが多いのもうなずける。おにぎりを買った道の駅「おかべ」に隣接する中宿古代倉庫群跡（奈良時代～平安時代に使われた大規模な倉庫群跡。古代榛沢郡の正倉が再現されている）が緑豊かな公園広場になっているので、撮影後にそこで食味することにした。まずはいちばん人気（であろう）、「ねぎみそ」。甘いピリ辛味噌とねぎの風味、ハズレのないメニューだ。「ねぎしば」は、深谷ねぎのねぎしば漬が入っているがさっぱりめだ。しかしながら、ねぎ感はあまり感じられなかった。「深谷しゃくし菜」は、ごま油の風味が効いていてシャキシャキした食感と酸味がご飯によく合っている。

深谷ねぎの畑。深谷市はねぎの生産量日本一の市。深谷ねぎは品種名ではなく、深谷地方で栽培されたねぎの総称である

深谷ねぎは一年中収穫されるが、旬は12月頃から。寒さで甘みが増す秋冬ねぎ

道の駅おかべに隣接する中宿歴史公園内の中宿古代倉庫群跡。古代倉庫２棟が復元されている

道の駅おかべ　URL www.michinoeki-okabe.jp

定番の「しょうゆ味」と表面に粒塩がまぶされた「銀しゃり味」。近年は小分けになったファミリーパックの需要が高まっている

1969年の発売当時は、パッケージもおにぎりをイメージした形だった

Column

みんな知ってる？

マスヤのおにぎりせんべい

お菓子売り場でよく見かける「おにぎりせんべい」。商品名は三角形からイメージ!?

ロングセラーの理由は形とソフトな食感にあり!?

1969（昭和44）年三重県伊勢市にある「マスヤ」から発売された「おにぎりせんべい」。名前のとおり、三角形の形をした醤油味のソフトな食感が特徴のせんべいで、発売から54年たった今でも、子どもから大人まで大人気です。

発売当時はせんべいと言えば、円形や四角形で草加せんべいのように固く噛みごたえのあるものが主流でした。

「もっと違うせんべいが作れるはず！」と考えた創業者の浜田益嗣《ますたね》氏が三角形でソフトなせんべいを発案。原料の米と三角形から連想されるおにぎりの名を冠した「おにぎりせんべい」が誕生しました。

当時は、パッケージもおにぎりを連想する三角に近い形で発売し、現在の大ヒットにつながったのです。

発売当時の包装の様子。歌舞伎の緞帳《どんちょう》のデザインはこの頃からずっと変わっていない

おにぎりせんべいは商品の規格によって、3つのサイズがある。もともとはいちばん左の大きいサイズだったが、消費者の要望を受けて、食べやすいひと口サイズも登場した

毎年、数量限定で登場する限定フレーバーもある。おにぎりを連想する「明太子」「梅しそ」の他、ご飯との相性抜群の「和風カレー」などが出ることも

私ならこう作る！

新しいおにぎりのカタチ

おにぎり作りは食感と彩りをイメージ

「市販のふりかけに合わせるおにぎりの具材は、スーパーやコンビニで手に入る身近な食材を使いました。食べた時の食感の他に見た目の彩りも意識しています」と話すぐっち夫婦さん。

プライベートでもおにぎりをよく作るそうで、定番は旬の野菜を使った「炊き込みご飯」。おにぎりは、多めに作って冷凍保存してアウトドアに遊びに行く時に持っていったり、雑誌やドラマなどの撮影現場にもスタッフや出演者の食事用にたくさん握るそうです。

教えてくれた人

ぐっち夫婦《ふうふ》

夫 Tatsuya、妻 SHINO の 2 人で活動している料理家。作る人のライフスタイルに寄り添ったメニューを考案し SNS などで発信。各種メディアの記事執筆等、幅広く活動中。近著に『いろいろつくってきたけど、やっぱりこの味』（扶桑社）

混ぜ込みわかめを使って

いなりずし風おにぎり

混ぜ込みわかめは、すし酢との相性も抜群！
甘辛く煮た油揚げを具として混ぜて握ります。

材料 2人分

- 温かいご飯 ………… 200g
- 混ぜ込みわかめ（丸美屋食品） ………… 小さじ2強
- すし酢 ………… 小さじ4
- 油揚げ（せん切り） ………… 1/3枚
- にんじん（せん切り） ………… 20g
- 白いりごま ………… 小さじ1/2
- A
  - 水 ………… 150mℓ
  - 醤油 ………… 大さじ1
  - みりん ………… 大さじ1
  - 砂糖 ………… 小さじ1

ワンポイント

きれいな俵形に握るには、ラップにご飯をのせて包んだら、ラップの両端をくるくると絞り長い丸形にまとめます。それをテーブル上で数回転がし、最後に両端を整えれば完成です。

作り方

❶ 鍋にAを入れて火にかけ、沸騰したら油揚げとにんじんを加え、弱火で5〜6分煮て火を止め、粗熱がとれたら白いりごまを加える。

❷ ボウルに温かいご飯、混ぜ込みわかめ、すし酢を入れてよく混ぜ合わせる。❶の具材の汁けをきって加え、さらに混ぜる。

❸ ラップに半量をのせ、包んで俵形に握る。同様にもうひとつ作る。

おにぎり DATA

いなりずし風おにぎり

［W9×D3.7×H5.5cm］

UP

SIDE

形・握り
幅9cmほどのいなりずしに似せた俵形。ラップを使って握る

ご飯
すし酢と混ぜ込みわかめの相性良し。すし酢の酸味とわかめの風味が味わえる

具
せん切りの油揚げとにんじんを甘辛く煮たものに白ごまを合わせる

食感と見た目の
彩りにこだわりました！

混ぜ込みわかめ＜鮭＞を使って

ごまたくあんの明《ミョン》洞《ドン》おにぎり

韓国の繁華街、明洞をイメージしたおにぎり！
たくあんときゅうりの食感、彩りがアクセントになっています。

材料 2人分

温かいご飯 …… 200g
混ぜ込みわかめ＜鮭＞（丸美屋食品） …… 小さじ2強
きゅうり（1cmの角切り） …… 20g
たくあん（1cmの角切り） …… 20g
白すりごま …… 小さじ2/3
ごま油 …… 小さじ2/3
韓国のり …… 4枚

ワンポイント

たくあんときゅうりは、食感が楽しめるように1cm角にカット。混ぜ込みわかめ＜鮭＞を入れて薄いピンク色に染まった混ぜご飯に、たくあんの黄色、きゅうりの緑色で彩り良く仕上がります。

作り方

❶ きゅうりは小さめのボウルに入れ、塩適量（材料外）をふって5分ほどおき、水けを拭き取る。

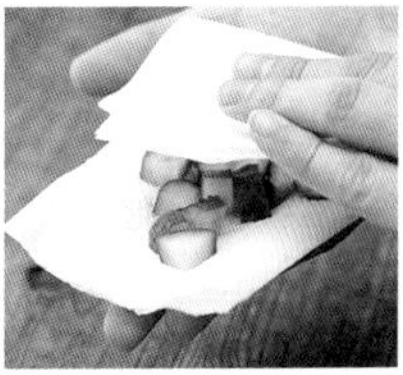

❷ 別のボウルにたくあん、❶のきゅうり、温かいご飯、混ぜ込みわかめ、白すりごま、ごま油を入れ、よく混ぜ合わせる。

❸ ❷の半量をラップにのせて包み、丸く握って、韓国のりを2枚巻く。同様にもうひとつ作る。

おにぎり DATA

ごまたくあんの明洞おにぎり
[W7.2×D4.6×H6.3cm]

UP

SIDE

形・握り
7cmほどの丸形。ラップを使って丸く握る

のり
韓国のりを2枚重ねて使用

具
1cm角に切ったたくあんときゅうり。風味付けに白すりごまを加える

ご飯
混ぜ込みわかめ＜鮭＞を混ぜ合わせる。ごま油を加えて香りもプラス

和風ツナマヨには
オクラのシャキシャキ感が
合います！

材料 ２人分

温かいご飯 …… 200g
のっけるふりかけ＜和風ツナマヨ＞
（丸美屋食品） …… 小さじ４
オクラ（ガクを取って、板ずりし、２分ほど茹でたら流水にとり小口切り） …… 40g
A［かつお節 …… ３つまみ
　 醤油 …… 少々
のり／おにぎり用カット済みのもの …… ２枚

ツナマヨ

のっけるふりかけ＜和風ツナマヨ＞を使って

ツナマヨとオクラのおかかおにぎり

「のっけるふりかけ＜和風ツナマヨ＞」にかつお節のうま味をプラス。
とことん和風に仕上げています。

作り方

❶ 小さめのボウルに A を入れて混ぜる。

❷ 別のボウルに温かいご飯、❶、のっけるふりかけ、オクラを入れて混ぜ合わせる。

❸ ❷の半量をラップの上にのせて三角形に握り、のりを１枚巻く。同様にもうひとつ作る。

ワンポイント

のっけるふりかけ<和風ツナマヨ>は、しっかりと味が付いているので、味を邪魔せず、食感が楽しめるオクラと合わせています。枝豆などの和野菜との相性も良いです。

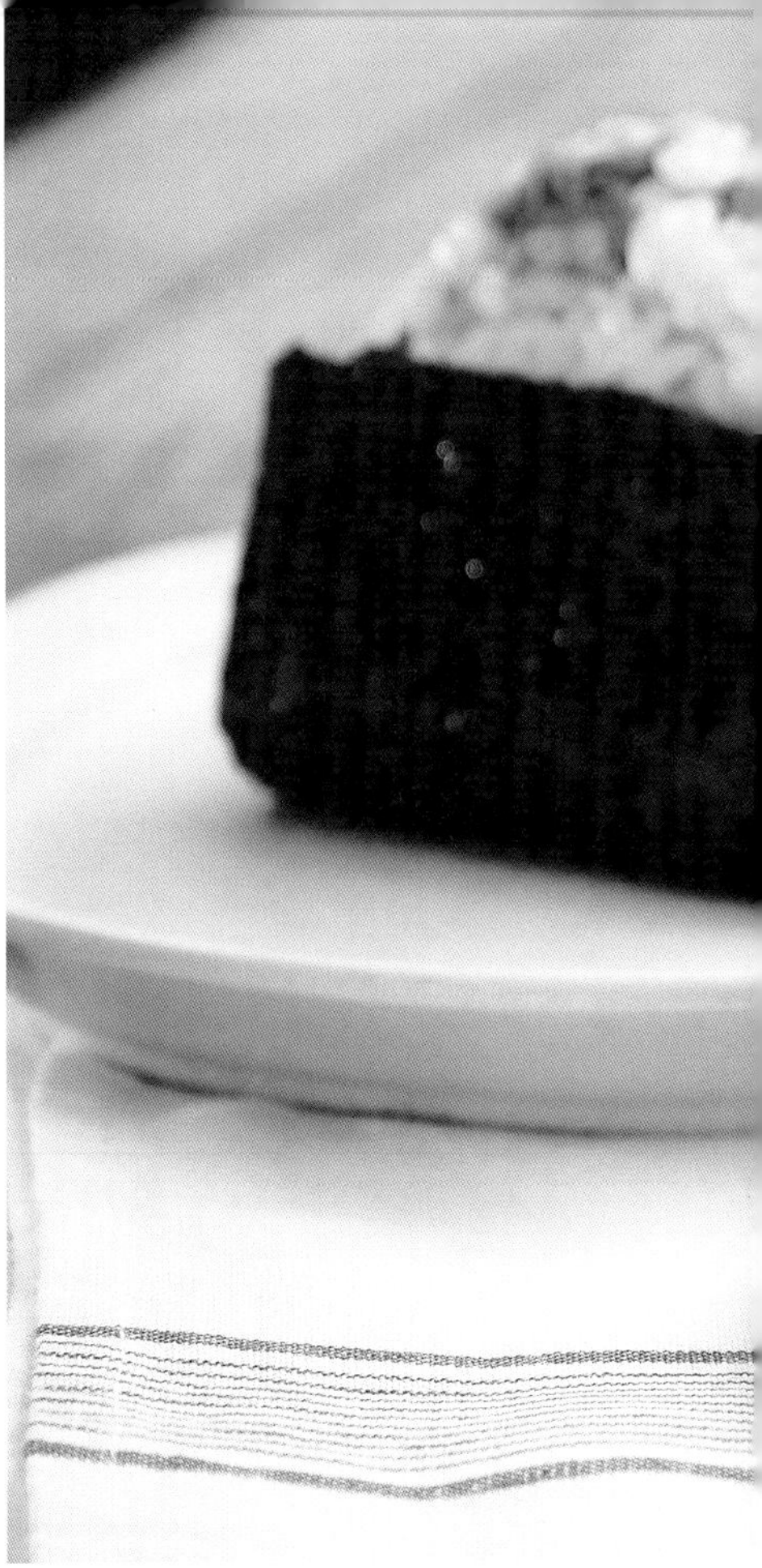

おにぎり DATA

ツナマヨとオクラのおかかおにぎり

［W7.3×D4.2×H7.2cm］

UP

SIDE

形・握り
幅 7cm ほどの三角形。ラップを使って握る

のり
焼きのりを使用

具
のっけるふりかけ<和風ツナマヨ>に小口切りにしたオクラをプラス

ご飯
かつお節と醤油を混ぜたおかかを入れ、うま味をプラスしている

のりたま

のりたまを使って

カリッと羽根付きチーズおにぎり

見た目のインパクト大！
カリカリに焼いたチーズの羽根は、おにぎりに巻いて食べることもできます！

のりたま×ちくわ×
カリカリチーズを
合わせてみました！

材料 2人分

温かいご飯 ……………………………… 200g
のりたま（丸美屋食品）………… 小さじ3
ちくわ（幅2〜3mmの輪切り）…… 20g
ピザ用チーズ ……………………………… 40g
オリーブオイル …………………………… 適量

ワンポイント

チーズを菜箸でおにぎりよりもひと回り大きな円形に広げたら、弱火でチーズがカリカリになるまでじっと我慢。写真のようなきつね色になったら完成です。

作り方

❶ ボウルに温かいご飯、のりたま、ちくわを入れて混ぜ合わせたら、半量をラップにのせて包み、三角形に握る。同様にもうひとつ作る。

❷ フライパンにオリーブオイルを熱し、❶のおにぎりを入れる。

❸ 両面こんがりと焼いたら、一度皿に取り出す。同じフライパンにピザ用チーズ半量を丸く広げ、弱火で熱し、チーズを溶かす。

❹ チーズの中央に❸のおにぎりを1つのせ、チーズが色付き、カリッとするまでじっくりと焼き、羽根を作る。同様にもうひとつ作る。

おにぎり DATA

カリッと羽根付きチーズおにぎり
[W7.2×D3.1×H12.7cm]

SIDE

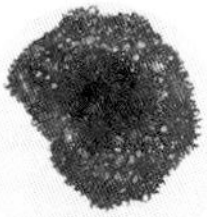

BACK

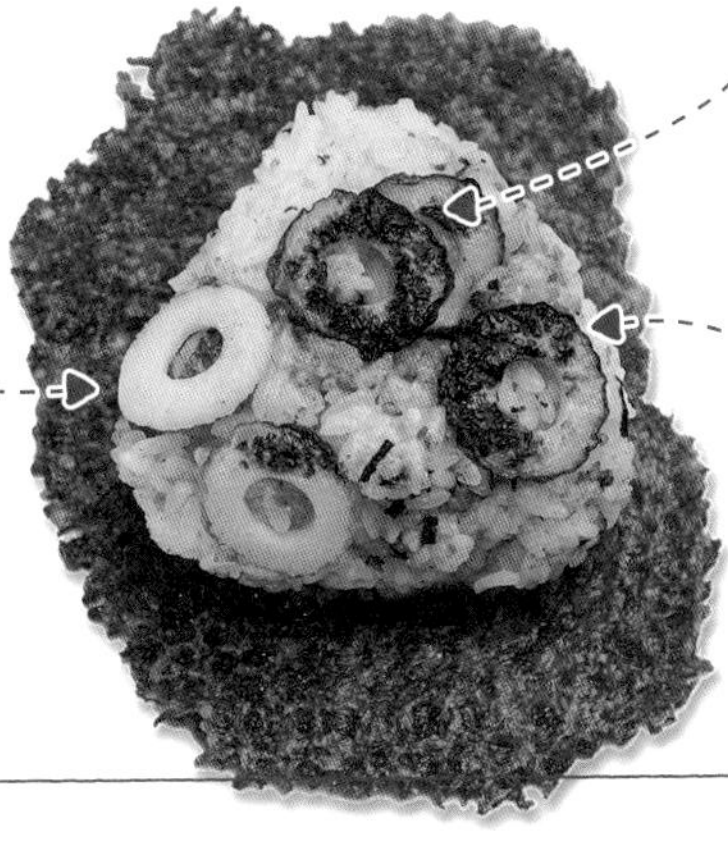

形・握り
幅7cmほどの三角形。ラップを使って握る

具
ちくわは輪切りにして入れる。おにぎりを焼いてからチーズを溶かしてくっつける

ご飯
ご飯にのりたまを入れて混ぜ合わせる

Column 私とおにぎり

庶民の家庭の食卓にふりかけが上る以前は塩むすびが定番だった

庶民文化研究家
町田 忍

街歩きで見つけた、塩のホーロー看板。時代によりデザインが微妙に違う

塩のホーロー看板。塩は1905（明治38）年から1997（平成9）年まで専売制が定められていた

私が子供だった昭和20年代後半から30年代のおにぎりといえば、どこの家庭も親が握ってくれる塩むすびが一般的だった。具材が入ったものもあるにはあったが、いずれも梅干しやおかか、味噌といった質素なもので、運動会や遠足などがあると、竹皮に包んだおにぎりを持たされたものだ。

塩は今ではスーパーやコンビニでも購入できるが、1997（平成9）年までは専売制※の対象で、往時は許可を得た商店がホーロー看板を掲げて販売していた。今でも町を歩いていると、「塩小賣所」などと書かれたホーロー看板を見かけることがあり、古き良き昭和の風情を感じることがある。

文化面でいえば、童謡の『おむすびころりん』

※国が財政収入を増加させるために生産、流通、販売など全面的に管理下におき、そこから発生する利益を独占してしまう制度

子供の頃、親が作ってくれたおにぎりも、学生時代にアルバイトで出された昼飯も、塩むすびだった。竹の皮で包んであり、たくあんが付いていることもあった

丸美屋食品のふりかけの雑誌広告。『エイトマン』が有名だが、同社が初めてふりかけにキャラクターを起用したのは『スーパージェッター』

童謡『おむすびころりん』の10インチSP盤

「三角ハンドおにぎり器」。炊飯器の中の熱いご飯が手を汚さずに直接握れて、三角形のおにぎりをワンタッチで2個作ることができる

や、『東京おにぎり娘』という映画なんかが懐かしく思い出される。映画は若尾文子さんが主役で1961（昭和36）年に公開され、新橋の烏森で父親がやっている流行《はや》らないテーラーを改造して、おにぎり屋を始めるという話だった。

おふくろの味だったおにぎりに変化が現れたのは、ふりかけが各家庭の食卓に上るようになってからのことだろう。ふりかけをおにぎりにまぶせば、手軽においしい一品になり、好評をもって迎えられた。加えて、炊飯器の中の熱々のご飯を直接手で握らなくても三角形のおにぎりが作れる調理器具が発売されたことで、同じサイズのおにぎりが簡単に作れるようになった。

ふりかけをまぶしたおにぎりは目にもおいしく、子供たちに人気があった。ふりかけメーカーも昭和30年代の終わり頃になると子供向けのキャンペーンを展開するようになり、1965（昭和40）年には丸美屋食品から「スーパージェッターふりかけ」が発売された。

あれから半世紀以上がたった今、巷には千紫万紅のおにぎりの素があふれ、具材のバリエーションも豊かになった。

町田《まちだ》 忍《しのぶ》さん

1950年、東京生まれ。エッセイスト、コメンテーター、写真家、庶民文化研究所所長。また、銭湯研究の第一人者として知られる。近著に『町田忍の銭湯パラダイス』（山と溪谷社）、『町田忍の昭和遺産100 令和の時代もたくましく生きる』（天夢人）、『町田忍の懐かしの昭和家電百科』（ウェッジ）などがある

1961（昭和36）年に公開された
映画『東京おにぎり娘』のチラシ

食べたい時にすぐ作れる！

おにぎりの素カタログ

忙しい朝のお弁当作りや、さっと食事をしたい時に便利なおにぎりの素。ここではそんな心強い存在のおにぎりの素を一挙ご紹介！食べ慣れた味の意外と知らない秘密や、珍しい商品に出会えるかもしれません。

丸美屋食品

混ぜ込み用ふりかけ

わかめご飯の定番
種類豊富なおにぎりの素

CMでもおなじみの「混ぜ込みわかめ」は、わかめに魚介類や野菜などの具材を組み合わせている混ぜ込み用ふりかけで、種類の豊富さがうれしい限り。味の要であるわかめは、香りが良く、最適な厚みのものを選別しており、うま味と磯の風味が抜群。具材が大きめで、冷めてもおいしいおにぎりが作れます。

［ 混ぜ込みわかめシリーズ ］

人気のトップ5はコレ！

シャキシャキ食感と彩りの良さが魅力の大根若菜を使用

鮭のしっかりとした塩味とうま味が味わえる。人気ナンバーワン

子供にも人気のしらすがたっぷりで、大根若菜のおいしさもプラス

梅肉としその酸味が爽やか！白いりごまの風味がアクセント

わかめが主役のふりかけ。色鮮やかで食感の良いわかめを使用

おどろき！

混ぜ込みわかめシリーズはその数なんと20種類以上！

どの味にするか迷うほどの、圧巻のバリエーション。
どれも食べてみたくなるネーミングはさすが！

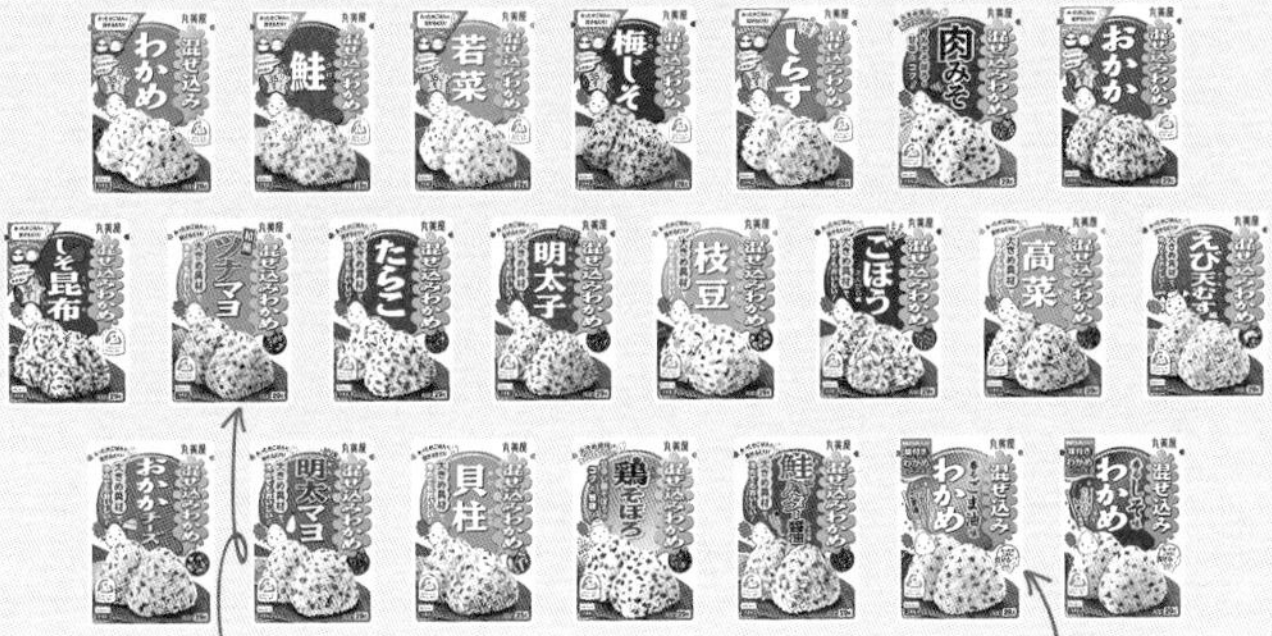

まろやかなマヨネーズの酸味と和風の味付けが楽しめる「和風ツナマヨ」は、ご飯との相性抜群

「香るごま油味」は、わかめにごま油と隠し味の醤油で味付け。ごま油の風味が癖になります！

瓶詰ふりかけ

本当にふりかけ？と驚くふりかけの新定番！

「のっけるふりかけ」は、瓶に入ったしっとりウェットなふりかけです。しっかりとした味付けで、食べごたえのある具材がたっぷり入っており、そのままおにぎりの具として使えます。ラインナップは、おにぎりの定番の「和風ツナマヨ」や「鮭明太」の他、お肉系も豊富です。

［のっけるふりかけシリーズ］

かつお節を加えた和風仕立てのツナマヨ。ツナの食感にクリーミーなマヨネーズがマッチ

のりの佃煮に、ごま油の香りを効かせた韓国風の味付け。白ごまの食感もアクセントに！

おにぎりにぴったりの鮭と明太子の組み合わせ。ピリ辛味が食欲をそそり、あと引くおいしさ

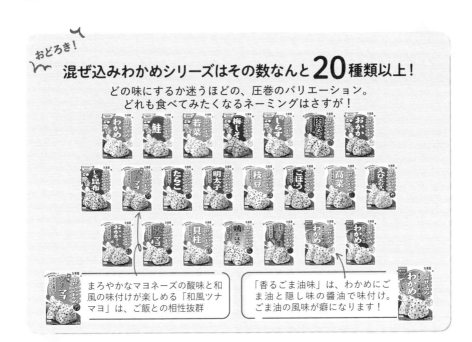

丸美屋食品

ふりかけ

まぶしたり混ぜ込んだり定番の味で味わうおにぎり

のりと玉子の組み合わせで日本一有名なふりかけ「のりたま」や、甘辛い味が人気の「すきやき」ふりかけは、おにぎりにもぴったり。まぶして使えばザクザク食感で色鮮やかに、混ぜ込んで作ればマイルドな味に仕上がります。お好みや気分で作ってみてはいかがでしょうか。

こんなアイテムも！

［チップ入りふりかけ］

かまぼこでできたチップ入りのふりかけもあります。例えば「ふりかけチップトリオ」には、ひよこ、ハート、モーくんの3種類のチップが入っていて、おにぎりをかわいくデコレーションできます。

発売から60年を超え愛されるロングセラー。具材のブレンドが絶妙

ご飯が冷めても香るしその爽やかな風味でおにぎりにぴったり！

牛肉のうま味と甘辛い味付けが人気。ザクザクの食感も楽しい

ブランドヒストリー

時代の潮流とともに大衆の心をつかんでいった総合食品メーカー

1927（昭和2）年に創業した丸美屋食品は、「是はうまい」という高級ふりかけの販売から始まりました。「のりたま」などのふりかけから「麻婆豆腐の素」、「釜めしの素」など、ロングセラー商品も数多く発売。現在は、ご飯を応援する多数の商品を展開しています。

「是はうまい」は、白身魚のイシモチ、昆布の粉、醤油ベースの調味料、のりやごまを入れた独特の味付けだった

1960（昭和35）年、発売当時ののりたまの初代パッケージ

1960（昭和35）年頃の京橋本社。社名の上に「是はうまい」の文字

味ひとすじ 永谷園

永谷園

混ぜ込み用ふりかけ

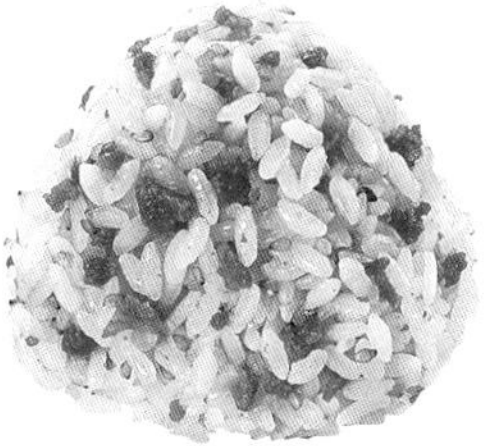

しっとりタイプで時短！すぐに食べられて便利

「おとなのおむすび」シリーズは、しっとりソフトなタイプの混ぜ込み用ふりかけ。ご飯に混ぜ込みやすく、なじみやすいので、時間をおかなくてもすぐに食べられて、自宅でおにぎりを楽しむ時に特に重宝します。「炙り風鮭」など大人好みのラインナップです。

[おとなのおむすびシリーズ]

長期熟成させた明太子のつぶつぶ食感を存分に味わうことができる「熟成辛子明太子」

炙りの風味が香ばしく、ほろっとほぐれる大きめの鮭フレークが特徴の「炙り風鮭」

こんなシリーズも！

[減塩シリーズ]

塩分を25％カットしたヘルシーな減塩タイプ。味は「焼鮭」の他、風味豊かな「梅おかか」、コクのある「肉味噌」があります。

ふりかけ

開けた瞬間、かつおの風味がふわっと香る本格派

印象的なCMで大ヒット！ロングセラーのふりかけ

ふりかけは子供が食べるものというイメージを覆した、「おとなのふりかけ」は、大人も子供も満足できるふりかけとしてロングセラーに。個包装になっているため、たっぷり入ったのりのパリッとした食感や、具材の味が楽しめます。「本かつお」や「わさび」など、飽きのこない定番の味が豊富です。

ブランドヒストリー

株式会社永谷園本舗時代の社屋。当時の会社の場所は、愛宕（現在の港区西新橋）だった

1952(昭和27)年、発売当初のパッケージ。江戸の情緒をイメージして作ったそう

煎茶の創始者が起源「お茶づけ海苔」を販売

「お茶づけ海苔」の販売に始まる永谷園の創業者は、由緒あるお茶屋の家系の出身でした。今までにないおいしいものを生み出すという「味ひとすじ」の企業理念のもと歩み、そのこだわりは乾のりの入札権を取得してのり問屋のプロたちとの真剣勝負でのりを仕入れているほどです。

ふりかけ&混ぜ込み用ふりかけ

姉妹や兄弟の名前のようなユニークな商品名

三島食品のふりかけは、代表商品の赤しそを使った「ゆかり」を長女とし、三姉妹シリーズとも言われる、人名のような商品名が特徴。素材の味を生かしたシンプルなふりかけは、ご飯に混ぜ込んでおにぎりにするのはもちろん、料理のトッピングなどに使うこともできます。

mishima 三島食品

次女「かおり」は、青じその香りがとても良く、おにぎりとの相性も抜群

長女はいちばん人気の「ゆかり」。爽やかな赤しその香りが食欲をそそる

「かつお」は、香り高い本枯節《ほんかれぶし》をぜいたくに使用

まだらこを唐辛子などでピリ辛にしっかり味付けした三女「あかり」

バラエティーに富んだ商品ラインナップに注目!!

三島食品の公式オンラインストアでは、珍しいオリジナルグッズが購入できます。個包装の5種類のふりかけの詰め合わせ「オリジナルギフトFURIKAKE」はとてもおしゃれで贈答用にもぴったり。「ゆかり」のパッケージそのままのデザインの赤しそジュース（夏季限定）や、ペン型容器入りふりかけはインパクト大です。

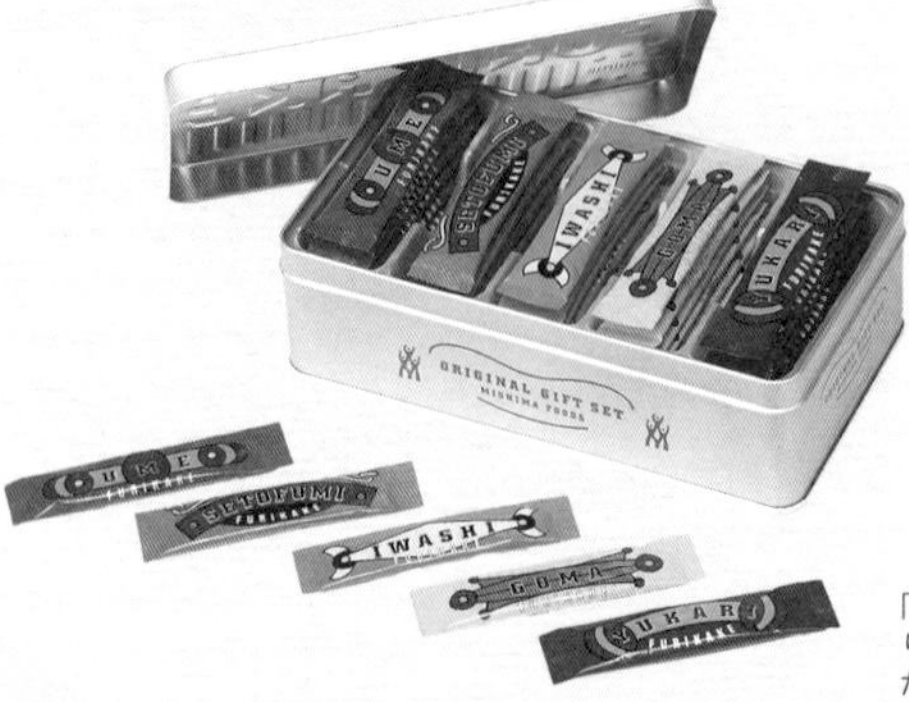

まるで洋菓子のようなパッケージの「オリジナルギフトFURIKAKE」。ゆかりの他、梅ふりかけ、いわしふりかけなど5種類が各10袋入っている

「赤しそ飲料ゆかり」はさっぱりした飲み口

持ち歩きに便利なペン型容器入り

素材を生かした作りでおいしさが際立つ

三島食品の混ぜ込み用ふりかけは、わかめや広島菜などのシンプルな素材で作られているものが多く、ストレートで分かりやすい商品名で素材のおいしさがダイレクトに伝わります。いちばん人気の「炊き込みわかめ」は、味の種類も豊富。紅鮭入りや醤油味で仕上げたものなども展開しています。

人気のトップ5はコレ！

広島菜を使用。爽やかな風味と、シンプルな味付けが人気

学校給食でも人気のわかめの混ぜご飯の素。優しい塩味が懐かしい

大麦やキヌアなどの5種類の穀物にひじきをブレンド。女性に人気

広島菜、京菜、大根葉入りで、爽やかな苦味とうま味を感じる味付け

カリカリ梅の食感と酸味を楽しむことができる

ブランドヒストリー

人気の「ゆかり」は学校給食が火付け役

三島食品は、戦後の唐辛子などの取引から始まり、当時人気を集めていたふりかけに注目して「弁当の友」を発売。作り立てのおいしさを提供できる量り売りがヒットしました。看板商品の「ゆかり」は学校給食に採用されたことで人気に。現在も多くの人気商品を生み出しています。

「ゆかり」1975（昭和50）年頃のパッケージ

1952（昭和27）年当時の「弁当の友」。ふりかけは缶で売られるのが主流だった

1955（昭和30）年頃の創業の地

mizkan やがて、いのちに変わるもの。 ミツカン

混ぜ込み用ふりかけ

ロングセラー商品の変わらないおいしさの工夫

1982（昭和57）年発売のロングセラー商品「おむすび山」。ご飯に混ぜ込みやすいように作られています。お弁当に便利な大容量タイプや、冷めてもご飯が固くなりにくいように、ご飯粒に水分が閉じ込められるような工夫がされている「梅かつお」や「焼きたらこ」などもあります。

梅の酸味と赤じその風味に青菜の食感が楽しめる大容量タイプ

梅の酸味とかつおのうま味が絶妙。ごまの香りがアクセント

シンプルな青菜の風味と食感が特徴。わかめ入り

焼き鮭の風味とわかめで、彩りの良いおにぎりを作ることができる

ブランドヒストリー

酒桶に酢酸菌が入るとお酒がだめになるため、酢作りは考えられないことだった

高級酢「山吹」は、商標登録制度などない時代にブランド名を付けて江戸限定で販売し、大評判となった

江戸時代から続く老舗 始まりは酢屋

ミツカンの創業者は、酒造業の傍で酒粕を有効利用し、粕酢作りを始めます。試行錯誤して作り上げたお酢は、江戸のすしブームにのって成功を収めました。そして、ミツカンは多様化する食文化に対応しながら商品を開発し、総合食品メーカーとなっていきました。

こんなアイテムも！

ねぎ油の香りとコクが豊かな、チャーハン風味のおにぎりが作れる

まるで直火で焼いたように香ばしい焼きおにぎりの風味が味わえる

［ガッツリ系のおむすび山］

同じ「おむすび山」でも、調理シーンをメインにした食欲をそそるパッケージで、ガッツリ系のおむすび山もあります。「焼おにぎり」や「炒飯」など、焼いたり炒めたりしたご飯メニューの香ばしい風味が味わえるおにぎりが作れます。

田中食品

混ぜ込み用ふりかけ

野菜を使い目にも楽しいおにぎりが作れる！

「旅行の友」で有名な田中食品の混ぜ込み用ふりかけ「ごはんにまぜて」シリーズは、わかめと大根若菜をベースに、さまざまな素材を組み合わせたものが多数ラインナップ。「彩り花やさい」シリーズは、赤キャベツやパプリカなど、色鮮やかな7種類の野菜を使用。カラフルでかわいいおにぎりを作ることができます。

カラフルな野菜をふんだんに使用。おにぎりが一気に華やぐ

わかめやオキアミなど、6種の海産物を使用。豊かな磯の風味が特徴

シャキシャキの若菜の彩りが良く、深いりごまの風味が香ばしい

ブランドヒストリー

1916（大正５）年に誕生。当時は一斗缶などを使用して陸・海軍にふりかけを納めていた

「旅行の友」の現在のパッケージ。醤油で味付けした小魚とごま、のり、玉子などがブレンドされている

軍の要請で「旅行の友」を開発

1901（明治34）年に創業した田中食品。広島県広島市に本社を置く食品メーカーです。創業者の田中保太郎氏が日持ちして栄養価の高いふりかけとして「旅行の友」を1916（大正5）年に製造、販売。現在でも販売されているロングセラー商品となりました。

こんなアイテムも！

［ 巻くふりかけ ］

20年以上の開発期間を経て特許を取得し販売されたという、巻くタイプのシート状のふりかけ。「さけ」、「赤しそ」、「大根菜」の3種類があり、のりのようにおにぎりに巻けば、アッと驚くおにぎりを作ることができます。

おにぎりを食べても太らない!?

江戸っ子は1日5合もの白米を食べていた

時代小説家／江戸料理・文化研究家
車 浮代

国民1人当たりの白米の年間消費量は、1962(昭和37)年度の118・3kgをピークに減少傾向にあり、2020（令和2）年度では50・8kgと半分以下になっています。その背景には食生活の多様化をはじめとするさまざまな要因が挙げられますが、「白米は太る」というイメージの影響もその一つとして考えられます。

近年は太りたくないという理由から、白米を控える人が増えました。さらに、糖尿病の予防と改善のために糖質制限を実践する人も多くなりました。糖質制限では、白米が真っ先に否定されるため、「白米は体に良くない」というイメージがいつしか根付いてしまったように感じます。しかし、白米を食べると太るというのは、本当なのでしょうか？

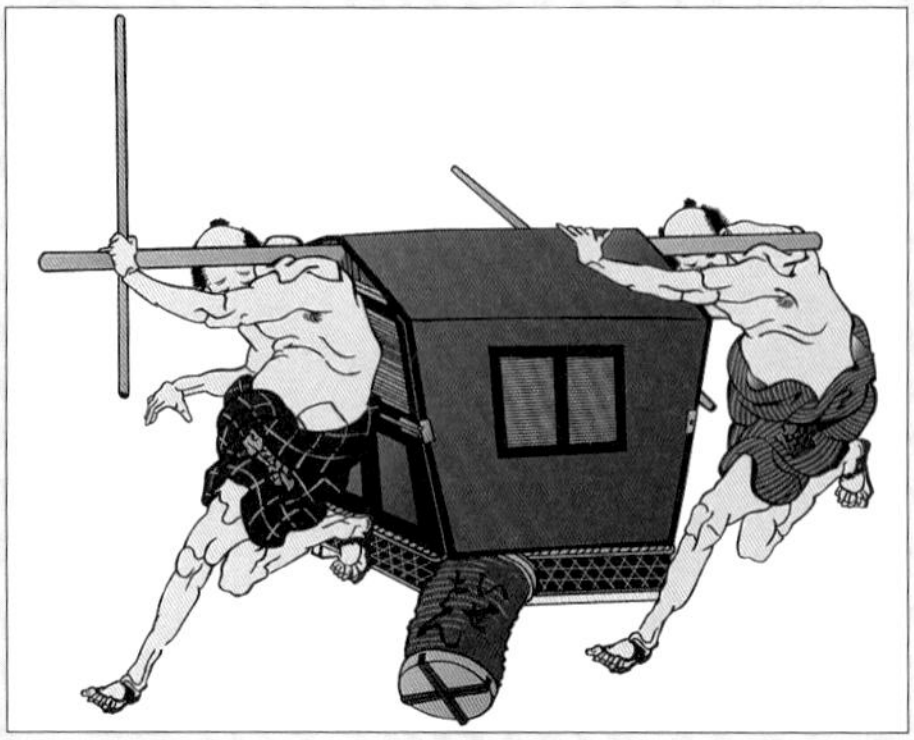

暮らしそのものが運動だった江戸時代のエネルギー源は、一日5合の白米だった

江戸時代には、成人男性は1日に5合もの白米を食べていたと言われています。それにもかかわらず、江戸の成人男性に糖尿病はほとんどなく、江戸で働く男たちは、まるで黄金時代のギリシャ彫刻のようなたくましい体をしていたと言われています。駕籠《かご》かきや車力といった力仕事に従事する人に限らず、商いを生業《なりわい》にする者や武士も筋肉質の立派な体をしていました。

江戸時代は、どこに行くのも大抵が自分の足でした。道も現在のように整備されておらず、砂利道や凸凹道、坂道も多くありました。そこを草鞋《わらじ》一つで歩いたり、走ったりします。特別な運動をしなくても、暮らしそのものが運動で、そのエネルギー源の多くが、1日5合もの白米だったといえ

車《くるま》 浮代《うきよ》さん

江戸時代の料理の研究と再現、江戸文化に関する講演の他、TVやラジオのレギュラーも。著書に『江戸っ子の食養生』（ワニブックス）、『発酵食品でつくるシンプル養生レシピ』（東京書籍）、『免疫力を高める最強の浅漬け』（共著、マキノ出版）、『1日1杯の味噌汁が体を守る』（日本経済新聞出版社）ほか多数

ます。

白米は私たちの体内で、心身のエネルギー源であるブドウ糖に効率良く分解され、消費されなかった分が脂肪などになり、蓄えられます。つまり「白米は太る」という俗説は、「白米を食べて、活動量が足りないから太る」というのが正しい言い方でしょう。

アミラーゼ遺伝子が多い日本人は白米を食べても太りにくい

江戸っ子と比べて運動量が少ない現代人は、太りたくなければ白米は避けた方がいいのでしょうか。答えは否で、最近の栄養学では、「日本人は、お米をしっかり食べた方が痩せやすい」と報告されているのも事実です。その鍵を握るのは「アミラーゼ遺伝子」という遺伝子です。アミラーゼは炭水化物を分解して糖にする酵素で、ダートマス大学のナサニエル・ドミニー博士の研究チームが、日本人は平均で7個も持っていて、炭水化物を摂っても太りにくいと報告しています。ちなみに、日常的に炭水化物をあまり摂らない民族は、平均して4〜5個だそうです。

炊き立てに比べて冷や飯はレジスタントスターチが1.6倍も多くなるため、太りにくいだけでなく、効率良く腸内環境を整える効果もある

日本人は他民族よりもアミラーゼ遺伝子が多く、米を食べても太りにくい

日本人だけの体質とは？

江戸っ子が筋骨隆々の体をしていた鍵は、運動量に加えて、白米の食べ方にもありました。毎朝、お釜で炊いたご飯はそのまま食べ、昼と夜は冷や飯を食べていました。この冷や飯が大きなポイントで、文教大学教授で管理栄養士の笠岡誠一先生によれば、米には「レジスタントスターチ（難消化性デンプン）」という成分が含まれていて、炊き立てに比べて冷や飯は、1・6倍も多くなるというのです。レジスタントスターチは糖質でありながら、食物繊維と同じか、それ以上の働きをするとのことで、冷や飯を食べていると効率よく腸内環境を整えていくことができると笠岡先生は言います。

食物繊維には、水溶性と不溶性の2つのタイプがあります。水溶性の食物繊維は、善玉菌の活動源になります。一方、不溶性の食物繊維は、腸内の不要物を絡め取りながら便を作るとともに、腸の動きを良くします。レジスタントスターチは、この両方の食物繊維の働きを行い、直腸までしっかり元気にしてくれます。

そんなレジスタントスターチがたっぷりと含まれた「おにぎり」は、究極の腸活食とも言えるのです。

おむすびスタンド
くど
◀ 和歌山 ▶

かまどで炊いたご飯に完敗!

a. 店の人気ナンバーワンは「びんちょうまぐろの旨煮」、2位は「金山寺味噌」、3位は「ちりめんじゃこ高菜めはり」 b. かまどで炊くご飯。慣れた手つきでかまどに火を入れている様子は時代をタイムスリップしたかのよう c. 特製のおひつとおにぎり型。おひつは、昔ながらの手法で金属を使わずに職人に作ってもらった逸品 d. メニューや皿は「へぎ」と言われる杉の廃材を使用し、環境にも配慮している e. イートインスペースは、店とは別の場所にある。レトロな雰囲気

おにぎり DATA

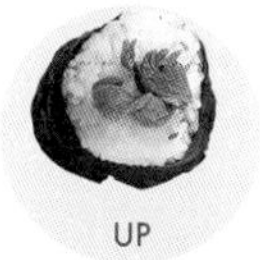

UP

SIDE

ご飯

和歌山県産「コシヒカリ」を使用。1個 110g ほど

形・握り

幅 7cm ほどの三角形。型を使って形を作り、優しく形を整えるように握る

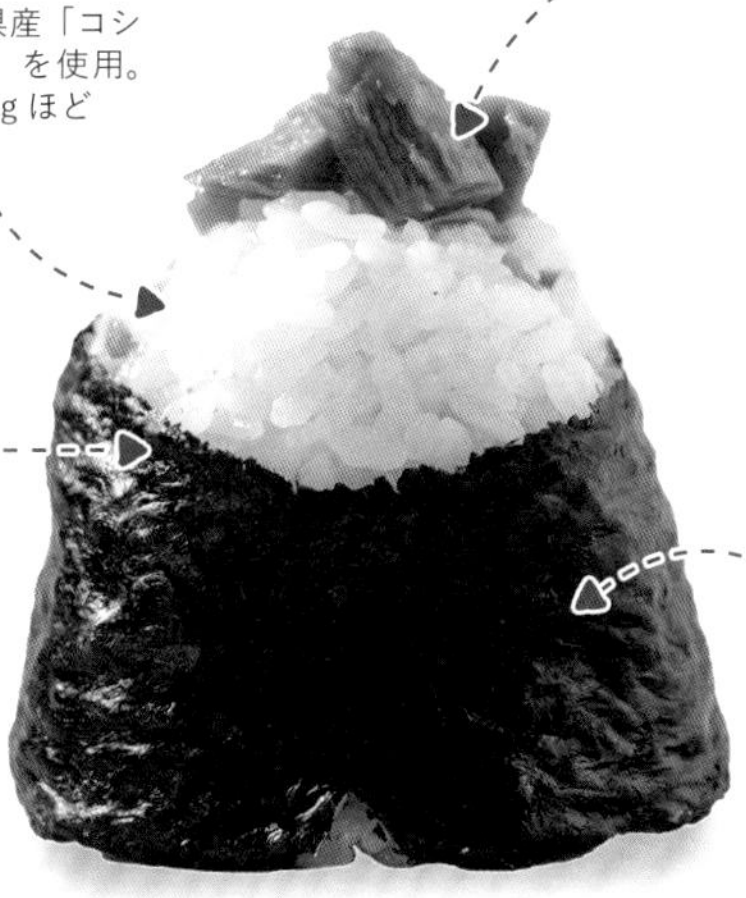

具

びんちょうまぐろを甘辛く煮込んだもの。隠し味として梅酢を使用。ご飯の中に入れて上にものせる

のり

和歌山ののり屋から特上ののりを仕入れている。時間が経っても歯切れが良いものをセレクト

びんちょうまぐろの旨煮

［W7.3×D5×H6.8cm］

イートイン価格 240 円／テイクアウト価格 230 円

あえて塩味を付けない ご飯を引き立てる具材

九度山駅の構内にある店は、旅情を掻き立てるたたずまい。朝8時にかまどを使ってご飯を炊く。廃材の薪を使い、こなれた手つきで火力を調整し、途中耳を羽釜に近付けて、音を確認しながらの作業は、かつての飯炊きをほうふつとさせる。徐々に煙に湯気が交わり炊けたご飯は、すぐにおひつに移す。

おにぎりは、ご飯の味を生かすためにあえて塩をふらないスタイル。具材は、特産品の南高梅、金山寺味噌、かつお節などできるだけ地元のものを使用。人気ナンバーワンは「びんちょうまぐろの旨煮」とやや意表を突かれる。粗ほぐしの身を甘辛く味付けし、身がふわっとしているから小さな子供からご年配の方にも人気。旨煮の味付けは甘辛いだけではなく、隠し味の梅酢も効いており、店のこだわりどころのご飯のおいしさがしっかりと伝わってくる。

SHOP DATA

おむすびスタンド　くど

住 和歌山県伊都郡九度山町九度山 123-2　南海電鉄九度山駅構内

営 9:00 ～ 16:00（売り切れ次第終了）

休 月（祝日の場合は翌日）

TEL 0736-20-7553

URL kudo-kudoyama.weebly.com

備 イートイン、テイクアウト可

駅で見つけた！
和歌山県
和歌山市
ご当地おにぎり認定！

和歌山駅　和歌山水《すい》了《りょう》軒《けん》

巻いてある高菜漬けは、のりより張りがあり、しっかり噛み切っていただく

JR和歌山駅構内に弁当店はなく、駅ビル内にある

環境が生んだ高菜栽培とシゴト飯として広まった

「目を見張るほどにおいしい」など、さまざまな説があるめはりずし。名前の由来もさることながら、見た目にそそられて食べたくなってしまった。和歌山駅前でさっそく食味。高菜漬けは、それこそ張りがあり強く噛んでようやく、中の味付きご飯にたどりつく。ご飯にも高菜漬けを刻んだものが入っているような。思いのほかあっさりしていて、高菜独特の風味がしっかりと伝わってくる。名前にすしが付いているが、酸味がそれほど感じられず、おにぎりに近い。この地方では高菜の栽培が盛んで、冬から春先にかけて収穫される。収穫した高菜を冬の間に樽で塩漬けにする。山がちな紀州で高菜は日陰でも育ち、漁業、林業の忙しい合間でもさっと食べられるので、郷土料理として根付き、近年ではさまざまなバリエーションも存在するという。

和歌山市内で購入した、ザ・ご当地の南高梅を使ったおにぎり。近年、甘い梅干しが人気の中、酸っぱくて懐かしさを覚えた

めはりずしを割ったところ。中身は刻んだ高菜漬けが入った味付きご飯

和歌山水了軒　URL www.w-suiryoken.co.jp

m'ocowa KOBE 本店

◀ 兵庫 ▶

スイーツのようなかわいさ!

a. 店のいちばん人気は「もっちプチ！五穀の糀赤飯」。次いで、「ちりめんと大粒実山椒もこわ」、「栗づくしもこわ」 b. 副店長の大﨑恵里子さん。「体にいい素材を使って作っています。ご年配の方にも人気です」 c. 食べ歩き用のケースに入れてもらうと、まるでスイーツのよう

もっちり&プチッとした もち麦入りおこわ

直径4cmほどの小さくて丸い形は、スイーツのようにも見える。口に入れると、もち米のもちっとした食感ともち麦のプチッとした食感を楽しめる新感覚のおこわおにぎりだ。

一般的におこわは、もち米のみで作られるが、同店のおこわは、もち麦入り。もち麦は兵庫県加東市で栽培されている「キラリモチ」。麦特有の臭みが少なく食べやすいのが特徴で、このもち麦を半量以上も使っているこだわりぶり。それは、「食物繊維が豊富なもち麦のおいしさをたくさんの人に知ってもらいたい」と、蒸し豆や佃煮などを製造するマルヤナギ小倉屋が始めたおにぎり店だからだ。

赤飯以外にも常時5～6種類ほどのおこわおにぎりがあり、炊飯の際に塩麹を加えることで、しっとりした仕上がりになる。

SHOP DATA

m'ocowa《モコワ》 KOBE《コウベ》 本店《ほんてん》

住 兵庫県神戸市中央区三宮町3-7-10 協栄ビル1F
営 11:00 ～ 18:30
休 －（臨時休業日あり）
TEL 078-945-9968
URL mocowa.net
備 テイクアウトのみ

おにぎり DATA

もっちプチ！五穀の糀赤飯

［W4.3×D4.3×H3.9cm］
テイクアウト価格 162 円

形・握り
直径 4cm ほどの丸形。食べやすいひと口サイズに握る

ご飯
国産のもち米と兵庫県加東市産のもち麦「キラリモチ」を使用。他に小豆、赤米、黒米、緑米、はと麦を入れて炊く。1 個 40 ～ 50g ほど

UP

SIDE

生鮮館やまひこ 尾張旭店

◀ 愛知 ▶

a. いちばん人気の「鮭いくら」の横はその次に人気の「海老」、3番人気の「飛騨牛」のおにぎり。そのボリュームに圧倒される **b.** ずらりと並ぶおにぎりは全品376円 **c.**「ほぼ具おにぎり」の生みの親、デリカ部門担当のおおたのりこさん。惣菜売り場のすべてのメニューを考えている

2時間で600個が売り切れるおにぎり

「生鮮館やまひこ尾張旭店」の「ほぼ具おにぎり」は、県外からわざわざ買いに来る人がいるほど人気がある。開店から2時間で約600個があっという間に売り切れてしまう。「子供の頃から、どこからでも具を味わえるおにぎりを作るのが夢だったんです」と話すのは、商品開発を担当したおおたさん。ネーミングどおりご飯が見えないくらい、前面は具でいっぱいだ。「鮭いくら」は大ぶりな切り身の鮭といくらがたっぷり入っている。ご飯は大葉を3枚ほど重ねて包んでおり、大葉の風味と具、米のバランスが絶妙だ。すぐにでも食べてみたいところだがこのおにぎり、月に4～5回（曜日不定）の限定販売。おおたさんのインスタグラムでは、毎週土曜日に翌週の販売商品の告知をするので要チェック！

SHOP DATA

生鮮館《せいせんかん》やまひこ
尾張旭店《おわりあさひてん》

住 愛知県尾張旭市狩宿町 4-59
営 10:00 ～ 20:00
休 年始
TEL 0561-56-3120
URL seisenkan.jp
@ootanoriko
備 テイクアウトのみ

おにぎり DATA

鮭いくら
［W9.7×D4.4×H8.9cm］
テイクアウト価格 376 円

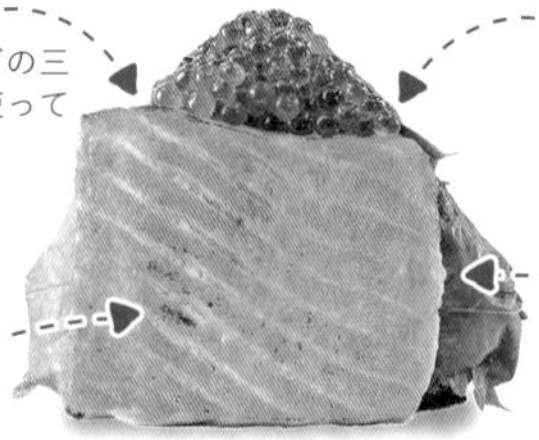

形・握り
幅 10cm ほどの三角形。型を使って優しく握る

ご飯
「コシヒカリ」を使用。少し固めに炊く。1個に使用するご飯の量は非公開

大葉
のりの代わりに3枚の大葉でご飯全体を包む

具
脂ののった鮭の切り身といくら。おにぎりの上にのせる

UP

SIDE

米一粒ノチカラ
◀ 福岡 ▶

塩味控えめで素材の良さが際立つ

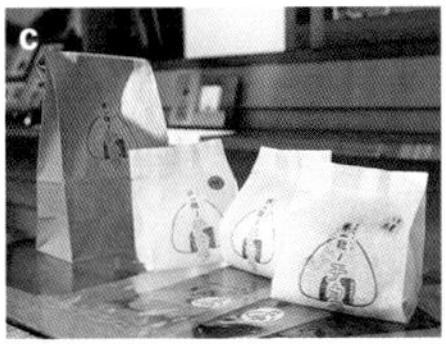

a. 店で人気の「鮭」と「しらす高菜」 **b.** おにぎりを握る時には「おいしくなあれ」と声に出して握っている **c.** おにぎりのイラストがかわいらしいパッケージ。すべて自分たちでスタンプを押している

パリパリののりをまとう ヒノヒカリを堪能する

不動産業の営業マンだった栗山一成さんと妻の真奈美さんが夫婦で営むアットホームな雰囲気の店。真奈美さんの実家が代々佐賀県の米農家とのり漁師を営んでいることから、その米とのりをおにぎりに使っている。

米は「ヒノヒカリ」。小粒であっさりしており、冷めてもそのおいしさをキープする。それを存分に味わえるように塩味は控えめにして握ってある。

のりは、食べる時に自分で巻いて食べられる別添えのスタイルで、パリパリの食感と香りを楽しめる。具材は定番の「鮭」や「しらす高菜」の他、常時7種類と日替わりの1～2種類から選ぶことができる。人気ナンバーワンの「鮭」は、生鮭を焼いたあと、さらに炙って香ばしさを加えてから、ほぐすひと手間をかけて下ごしらえをしている。

SHOP DATA

米一粒《こめひとつぶ》ノチカラ

住 福岡県福岡市博多区美野島1-20-21
営 11:00 ～ 20:00（売り切れ次第終了）
休 日、祝
TEL 070-3992-3570
@komehitotsubunochikara
備 テイクアウトのみ

おにぎり DATA

鮭
［W7.1×D3.5×H6.7cm］
テイクアウト価格 220 円

形・握り
幅 7cm ほどの三角形。型を使ってまとめるように優しく握る

ご飯
佐賀県白石産の「ヒノヒカリ」を使用。1 個 90g ほど

のり
佐賀県の有明海産を使用

具
生鮭を焼いて炙って香り付けをしてほぐしたものをご飯の中に入れる

UP

SIDE

米屋の手づくりおにぎり多司

◀ 愛知 ▶

お母さんの味を再現して人気店に

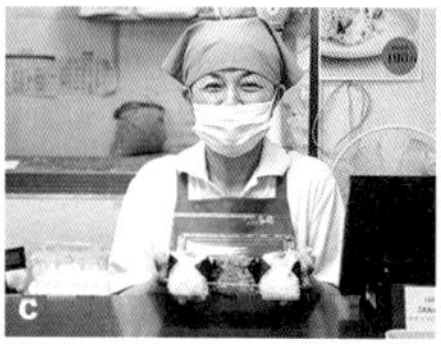

a. 店のツートップの「さけ」と「小えび天まぶし」。常時15種類ほどあり、価格は110～300円ほどと総じてリーズナブル　b. 型は使わずに、手握りでこの厚みを実現　c. 広小路伏見店の店長、高橋明子さん

リーズナブルで満足度の高いおにぎり

名古屋市内に15店舗を展開する「多司」のおにぎりは、とにかく分厚い。人気メニューの「小えび天まぶし」は、奥行きが7cmほど。一般的なおにぎりの厚みが3～4cm程度なのですごさは想像できるだろう。これは、創業者が子供の頃にお母さんに握ってもらったおにぎりを再現したものだという。

おにぎり1個に使用するご飯の量も多く、165gほど。こんなにも大きいのに、食べてみるとふんわりとして、一緒に混ぜ込んだ小えびとあおさの風味がたまらない。ご飯同士がちゃんとくっついていて型崩れすることもなく、完食できた。

このふんわり感は、おにぎり型を使わず、力加減を調整しながら手を使って握るからだ。米粒の間に適度な隙間を作るようにしながら握ると良いという。

SHOP DATA

米屋《こめや》の手《て》づくりおにぎり
多司《たし》　広小路伏見店《ひろこうじふしみてん》

住 愛知県名古屋市中区栄 1-4-3
営 平日／ 7:00 ～ 15:00、
祝／ 8:00 ～ 15:00
休 土、日
TEL 052-202-7403
URL www.group-kyowa.com/tashi
備 テイクアウトのみ

おにぎり DATA

小えび天まぶし
［W7.6×D6.7×H5.8cm］
テイクアウト価格 140 円

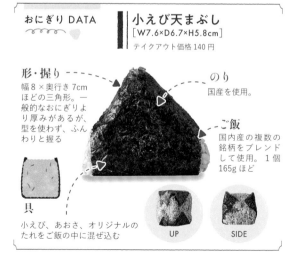

形・握り
幅8×奥行き7cmほどの三角形。一般的なおにぎりより厚みがあるが、型を使わず、ふんわりと握る

のり
国産を使用。

ご飯
国内産の複数の銘柄をブレンドして使用。 1個165g ほど

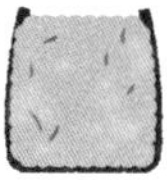

具
小えび、あおさ、オリジナルのたれをご飯の中に混ぜ込む

UP

SIDE

羽根つき
焼きおにぎり専門店
& LABAR GAO
◀ 東京 ▶

a. 人気ナンバーワンの具はチーズリゾット。ゴーダやチェダーなど5種類のチーズをブレンド b. 専用の機械で2分ほどプレスすれば完成 c. 写真右の「かき醤油バター＆レモン焼きおにぎり」、写真左の「天使の羽根つき焼きおにぎり」も人気

羽根は偶然の産物 新感覚の焼きおにぎり

香ばしさが人気の焼きおにぎりをさらに進化させた羽根付きの焼きおにぎり。その開発のきっかけが面白い。「試作をしている時に専用の焼きおにぎり機に入れたおにぎりが大きすぎたことで、型からはみ出した部分がせんべいのようになり、おいしかったので商品化しました」と店長の森山利晃さん。三角形に握ったおにぎりを専用の焼きおにぎり機で1分半〜2分ほど焼くと羽根はパリパリで、中はふっくらとやわらかく仕上がる。

米はオーナーがこだわった北海道栗山町産の希少品種「おぼろづき」を使用し、その日使う分を店で精米している。テイクアウトのメニューは3種類だが、夜のバー営業タイムは、この3種類に加え、「ツナマヨ」、「スパム」、「大葉焼きみそ」など、計10種類のイートインが可能だ。

SHOP DATA

羽根《はね》つき焼《や》きおにぎり専門店《せんもんてん》 & LABAR《ラバー》 GAO《ガオ》

住 東京都台東区入谷 2-3-3
営 11:30〜14:00(テイクアウトのみ)、17:00〜21:00 (テイクアウト、イートイン)
休 土〜木、祝
TEL 070-8419-2331
URL yakionigiri.life
備 テイクアウト、イートイン可

おにぎり DATA

チーズリゾット 羽根つき焼きおにぎり
[W10.1×D2.4×H10.2cm]
テイクアウト価格・イートイン価格ともに280円

形・握り
手でやわらかく三角形に握ったものを機械で焼く

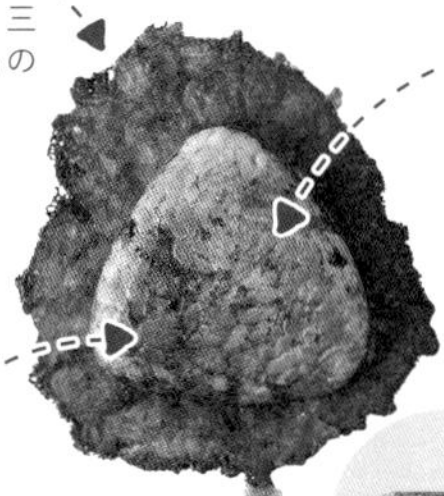

ご飯
北海道栗山町産の「おぼろづき」を使用。少し固めに炊く。細かく刻んだベーコンやきのこを一緒に混ぜ込む

具
球形のチーズをご飯の中に入れる。熱でとろりと溶ける

日々是好日

◀ 岐阜 ▶

街歩きの軽食にもってこい！

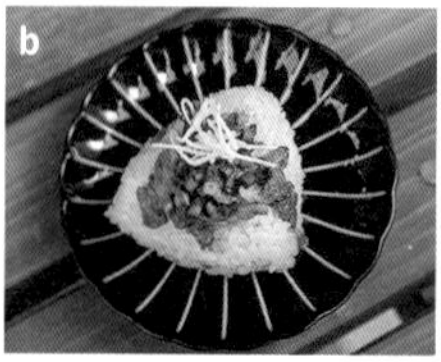

a. いちばん人気は「玄米ネギ味噌」。2位は「自家製煮卵」、3位は「塩むすび」 **b.**「飛騨牛しぐれ」は土、日、祝限定の味 **c.** テイクアウトの場合、カフェのような容器に入れてもらえる

朝市で味わう飛騨産食材のおにぎり

飛騨高山の宮川朝市の開催地にある「日々是好日」。朝市の時間に合わせてオープンするから朝食にもってこいだ。ご飯は飛騨高山産の「コシヒカリ」を使用し、土鍋で炊いている。この地は気温の寒暖差が大きいため、米の粒がしっかりと育つので、具材に負けないくらい甘みが強く、冷めてもおいしいご飯になるという。

中の具材は全15種類。鮭や梅などの他、飛騨産の味噌やねぎを使った「ネギ味噌」や飛騨牛など、地元の食材を中心に使った具材が揃う。

どの部分を食べても具材とご飯が味わえるように作っているというだけあって、味のバランスが良く、やわらかく仕上がっている。おにぎりのお供に豚汁や飛騨牛を使った肉吸いなどもおすすめだ。

SHOP DATA

日《ひ》々《び》是好日《これこうじつ》

住 岐阜県高山市下三之町 70-2
営 7:00 ～ 12:00
（12 月～ 2 月は 8:00 から。売り切れ次第終了）
休 –
TEL 0577-32-6055
@hibikoretakayama
備 イートイン、テイクアウト可

おにぎり DATA

玄米ネギ味噌
［W7.2×D3×H6.8cm］
イートイン価格・テイクアウト価格ともに250 円

形・握り
幅 7 cm ほどの三角形。やわらかく握っている

ご飯
飛騨高山産の「コシヒカリ」を玄米で使用。1 個 90g ほど

具
飛騨高山の「糀屋柴田春次商店」の味噌、飛騨産のねぎ。おにぎりの上に味噌を塗って焼き、ねぎを散らす

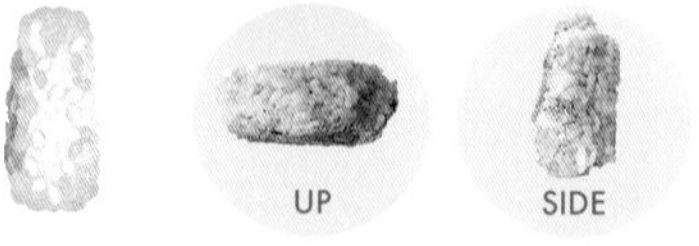

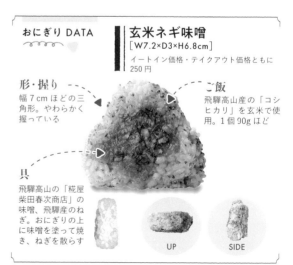

米屋のおにぎり ぷくぷく亭

◀ 長野 ▶

甘みしっかり 弾力のあるご飯

a. ベスト３は「鮭」、「野沢菜の油炒め」、月替わりの「今月のおにぎり」 **b.** 玄米おにぎりは、ふわふわでもちもちの食感がたまらない。特に女性に人気だ **c.** スタッフのみなさん。月替わりのメニューは、スタッフで試作して、おいしかったものを採用している

常連客の舌をうならせるおにぎり

長野県の古刹・善光寺からほど近い米屋が手掛けるおにぎり店。店の半分は米屋、半分はおにぎり店となっている。

おにぎりの種類は、常時18種類が揃い、この他にひと月ごとに具材が変わる「今月のおにぎり」、季節ごとに変わる「季節のおにぎり」がある。こうした限定メニューが常連客の胃袋をつかんで離さない。米は店主で五ツ星お米マイスターである羽田和弘さんがおにぎりに合うようにさまざまな銘柄米をブレンドしており、さすが米の甘みがしっかり感じられた。

また、白米のおにぎりだけでなく、長野県産の玄米を使用した「玄米おにぎり」もおすすめ。もちもちでふっくらとした食感で、玄米特有の匂いが少なく、苦手意識を持っている人でも食べやすい逸品だ。

SHOP DATA

米屋《こめや》のおにぎり
ぷくぷく亭《てい》

住 長野県長野市三輪田町 1332-1
営 平日／ 9:00 ～ 16:00
（第２火は～ 15:00）、
土日祝／ 9:00 ～ 15:30
休 第２・第３水、年末年始、夏季休暇
TEL 026-232-2548
URL www.pukupuku-tei.com
備 テイクアウトのみ

おにぎり DATA

鮭
［W7.3×D4×H7.7cm］
テイクアウト価格 230 円

具
ほぐした鮭。ご飯の中に入れておにぎりの上にものせる。1 個 10g ほど

ご飯
複数の銘柄の米をブレンドして使用。1 個 100g ほど

のり
有明海産などを使用

形・握り
幅 7 cm ほどの三角形。空気を含ませながらふわっと手早く握る

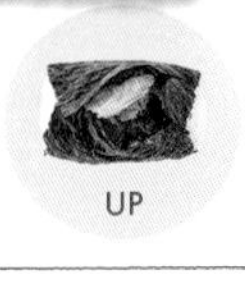
UP

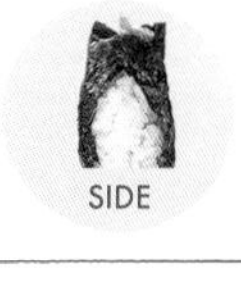
SIDE

世界の おにぎり的!? な料理

海外には、日本のおにぎりのような米料理がたくさん存在しています。
台湾、フィリピンなど、アジアの米を使った国民食を紹介します。

イラスト：藤井敬士

台湾観光では外せない
夜市巡り
歡迎光臨
台北101
持つとずっしりと
重量感があり！
ビニール袋に入れて渡すスタイルがワイルド
コーン、チーズ、
たくあん、揚げパン、
豚肉などがぎっしり！
ボリューム満点！

台湾 【飯糰（ファントゥアン）】

朝からお腹も大満足!!
台湾式もち米のおにぎり

朝ご飯は、自宅で食べるのではなく、朝食専門店などで食べるのが一般的な台湾。ファントゥアンは、朝食でも人気のメニューです。もち米がベースで、好きな具を入れて握るスタイル。サイズは、手のひらほどで日本のおにぎりよりも大きいのが特徴です。具は、甘じょっぱく煮込んだ豚肉の肉でんぶ、揚げパン、卵、チーズなどいろいろあり、毎日食べても飽きがこないように工夫されています。